I0108827

Die ewige Wahrheit

Sri Mata Amritanandamayi
beantwortet Fragen über
Sanatana Dharma

Mata Amritanandamayi Center, San Ramon
Kalifornien, Vereinigte Staaten

Die ewige Wahrheit

Sri Mata Amritanandamayi beantwortet Fragen über
Sanatana Dharma
Zusammengestellt von Swami Jnanamritananda Puri

Herausgegeben von:
Mata Amritanandamayi Center
P.O. Box 613
San Ramon, CA 94583
Vereinigte Staaten

—————— *The Eternal Truth (German)* ———————

Copyright © 2011 by Mata Amritanandamayi Mission
Trust, Amritapuri, Kollam, Kerala 690546, Indien

Alle Rechte vorbehalten. Kein Teil dieses Buches
darf ohne Erlaubnis des Herausgebers, außer für
Kurzbesprechungen, reproduziert oder gespeichert
werden oder in sonstiger Form – elektronisch oder
mechanisch - fotokopiert oder aufgenommen werden.
Die Übertragung ist in keiner Form und mit keinem
Mittel erlaubt.

Erstausgabe vom MA Center: September 2016

In Deutschland: www.amma.de

In der Schweiz: www.amma-schweiz.ch

In India:
inform@amritapuri.org
www.amritapuri.org

Vorwort

„Die Wahrheit ist Eine. Die Heiligen geben ihr verschiedene Namen."

Das ist die erhabene Botschaft, die die alte Zivilisation Indiens der Welt geschenkt hat. Die Ursache aller gegenwärtigen Probleme in Bezug auf Religion ist die Tatsache, dass wir diese Botschaft vergessen haben.

Wir mögen erklären, dass die Welt zusammengeschrumpft ist, auf die Größe eines Dorfes, dank der Globalisierung und moderner wissenschaftlicher Erneuerungen wie Internet und Satteliten TV, aber zur gleichen Zeit nimmt die Distanz zwischen den Gemütern der Menschen ständig zu. Das Konzept, das Indien der Welt gegeben hat, – Vasudhaiva Kutumbakam, „Die ganze Welt ist meine Familie" – basiert auf der grundlegenden Einheit und und dem tatsächlichen geistigen Einssein von uns allen. Die letztendliche Lösung unserer Probleme besteht darin, das Prinzip der Einheit mit aufzunehmen. Selbst wenn wir unfähig sind, das zu tun, sollten wir zumindest die Haltung kultivieren, den Standpunkt und die Ideen anderer Menschen zu respektieren. Die Welt hat ein großes Bedürfnis nach Toleranz und Verständnis. Die Prinzipien von Sanatana Dharma, das Ewige Prinzip, welche in den Worten der Rishis (selbstverwirklichte Heilige) ausgedrückt wurden, sind fähig, uns in diese Richtung zu führen. Diese Prinzipien sind göttliche Leuchtfeuer, die Licht auf unseren Pfad in Richtung Vollkommenheit gießen. Sanatana Dharma verkörpert die ewige Wahrheit, dass jeder sie, unabhängig von Religion, Kaste oder Kultur, in sein Leben einbauen und annehmen kann.

Dieses Buch enthält den ersten Teil einer Sammlung von Ammas Antworten auf Fragen zu den Prinzipien von Sanatana Dharma.

Die Herausgeber

ॐ

Frage: Was sind die speziellen Merkmale des Hinduismus?

Amma: Meine Kinder, entsprechend dem Hinduismus gibt es Göttlichkeit in allem; jeder ist eine Verkörperung von Gott. Menschen und Gott sind nicht zwei, sondern eins. Göttlichkeit ist latent vorhanden in jedem menschlichen Wesen. Der Hinduismus lehrt, dass jeder die innere Göttlichkeit durch Eigenanstrengung verwirklichen kann. Der Schöpfer und die Schöpfung sind nicht getrennt. Der Schöpfer (Gott) manifestiert sich als Schöpfung. Diese nicht-duale Wahrheit zu verwirklichen, wird im Hinduismus als das höchste Ziel im Leben betrachtet.

Der Traum ist nicht getrennt vom Träumer. Aber wir müssen aufwachen um zu sehen, dass das, was wir erfahren haben, ein Traum war. Obwohl alles Gott ist, nehmen wir alles um uns herum als etwas Getrenntes wahr, weil wir noch nicht zu dieser Bewusstheit erwacht sind. Wir fühlen Zuneigung gegenüber manchen Dingen und Abneigung gegenüber anderen. Deshalb sind Glück und Leid zur Natur des Lebens geworden.

Wenn wir zu unserer wahren Essenz erwachen, gibt es kein „Ich" oder „Du" – alles ist Gott. Was bleibt, ist nur Seligkeit. Der Hinduismus lehrt, dass es viele Wege gibt, die uns helfen zu dieser Erfahrung zu erwachen, abhängig vom Samskara[1] eines jeden. Es gibt wahrscheinlich keine andere Religion, die so viele verschiedene Wege, Praktiken und Bräuche kennt.

Wir können Lehm in die Form eines Esels, eines Pferdes, einer Maus oder eines Löwen bringen. Obwohl sie unterschiedlich in Name und Form sind, sind sie in Wirklichkeit nichts als Lehm. Wir brauchen die Sicht, um den Lehm zu erkennen, der die Grundlage für all die Namen und Formen ist. So muss die Sitte, das Universum in verschiedenen Namen und Formen wahrzunehmen, aufgegeben werden. Es ist in Wirklichkeit dieses eine Höchste Prinzip, das sich selbst in all diese Formen transformiert hat. So ist im

---

[1] Samskara hat zwei Bedeutungen: Die Totalität der Eindrücke, die dem Geist durch Erfahrungen eingeprägt sind (aus diesem oder vorhergehenden Leben), welche das Leben eines menschlichen Wesens beeinflussen – seine oder ihre Natur, Handlungen, Verfassung des Geistes, etc. Das Erwecken des richtigen Verständnisses (Wissen) in jeder Person, was zur Verfeinerung seines oder ihres Charakters führt.

Hinduismus alles Gott. Es gibt nichts, was nicht Gott ist. Der Hinduismus lehrt uns Tiere zu lieben und ihnen zu dienen, Vögel, Reptilien, Bäume, Pflanzen, Berge, Flüsse – alles, selbst eine tödlich giftige Kobra.

Wenn wir die höchste Erfahrung machen, erkennen wir, dass dieses Universum nicht von uns verschieden ist, genauso wie die verschiedenen Organe in unserem Körper nicht von uns getrennt sind. Unsere Bewusstheit, die bisher auf unseren Körper begrenzt war, dehnt sich aus, um das ganze Universum mit einzuschließen. Nichts ist ausgeschlossen aus dieser Bewusstheit. Diejenigen, die die Wahrheit kennen, erfahren die Leiden und Kümmernisse anderer als ihre eigenen, genauso wie wir uns des Schmerzes bewusst werden, wenn unser Zeh von einem Dorn gestochen wird. Mitgefühl wird zu ihrer wahren Natur, genauso wie Hitze die Natur von Feuer ist, Kühle die Natur von Wasser und Duft die Schönheit und Natur einer Blume. Anderen Linderung zu verschaffen ist ihre wahre eingeborene Natur. Wenn unser Finger versehentlich gegen unser Auge stößt, vergeben wir unserem Finger und wir streicheln und beruhigen unser Auge, weil der Finger und das Auge nicht von uns getrennt sind.

Das Ziel des Hinduismus ist es, uns zu der Erfahrung zu bringen, dass alle Wesen Teil von uns selbst sind. Wenn sich unser Bewusstsein über das begrenzte Körper-Bewusstsein hinaus ausdehnt, um das ganze Universum mit einzuschließen, und wir unsere Einheit mit Gott erleben, dann erreichen wir Perfektion. Sanatana Dharma lehrt uns den Weg, Gott überall im Universum zu sehen und lässt uns so erfahren, dass wir nicht von Gott getrennt sind. Verschiedene Wege werden vorgeschlagen, um dies zu erreichen, wie der Weg selbstlosen Handelns (*Karma Yoga*), der Weg der Hingabe (*Bhakti Yoga*), der Weg der Selbsterforschung (*Jnana Yoga*), und der Weg der Meditation (*Raja Yoga*).

Die Hindureligion heißt Sanatana Dharma, das Ewige Prinzip, weil es für jedes Land in jedem Zeitalter passt. Sie lehrt die ewigen Wahrheiten für die Erhöhung aller Welten[2]. Der Hinduismus zielt auf den aufwärts gerichteten Fortschritt eines jeden ab. Im Hinduismus ist kein Platz für Sektierertum oder Engstirnigkeit.

---

[2] Himmel, Erde und die Unterwelt

Om asato ma sadgamaya
Tamaso ma jyotir gamaya
Mrityor ma amritam gamaya

Oh höchstes Wesen,
Führe uns von der Unwahrheit zur Wahrheit,
Von der Dunkelheit ins Licht,
Und vom Tod zur Unsterblichkeit.
    – *Brihadaranyaka Upanishad (1.3.28)*

Om purnamadah purnamidam
Purnat purnamudachyate
Purnasya purnamadaya
Purnam evavasishyate

Das ist ganz, dies ist ganz.
Aus der Ganzheit wird die Ganzheit manifest.
Wenn man die Ganzheit von der Ganzheit
entfernt,
Bleibt einzig die Ganzheit übrig[3].

Das sind Mantren, die die Heiligen uns vermacht
haben, und in diesen Mantren kann man nicht

---

[3] Wenn wir tausend Lampen durch eine Lampe anzünden, so wird die Helligkeit der einen Lampe dadurch
nicht weniger. Alles ist ganz, vollkommen. Dieses
berühmte Mantra ist die Friedensinvokation in den
Upanishaden von Shukla Yajurveda.

die Spur eines Standpunktes finden, der irgendjemanden als „anderer" oder getrennt sieht.

Die *Rishis*, Indiens antiquierte Heilige, waren erleuchtete Seher, die die nicht-duale Höchste Wahrheit verwirklicht hatten. Und diese Wahrheit floss in ihre Worte, sodass sie nie die Unwahrheit sprachen.

„Gott wohnt selbst in dieser Säule", sagte der Junge Prahlada als Antwort auf die Frage seines Vaters. Das stellte sich als wahr heraus. Gott manifestierte sich aus dieser Säule heraus. Deshalb sagt man, dass Wahrheit zu den Worten der Heiligen kommt. Normalerweise geschieht eine neue Geburt durch den Mutterleib – aber auch der Entschluss, das geistige Konzept eines Rishis, manifestiert eine neue Schöpfung. In anderen Worten, was die *Rishis* sagen wird die Wahrheit. Jedes Wort solcher Heiligen, die sich voll der Vergangenheit, Gegenwart und Zukunft bewusst waren, wurde ausgesprochen, während sie dabei auch die zukünftigen Generationen in ihrem Geist hatten.

Der Kühlschrank kühlt, die Heizung wärmt, die Lampe schenkt Licht, der Fächer verschafft uns einen Luftzug – aber es ist der gleiche elektrische Strom, der all diese Gegenstände arbeiten lässt. Wäre es vernünftig zu sagen, dass der Strom in einem dieser Gegenstände höher steht, als der Strom, der durch die anderen fließt, nur weil die Instrumente unterschiedliche Funktionen und einen unterschiedlichen Geldwert haben? Um zu verstehen, dass die Elektrizität die gleiche ist, auch wenn die Instrumente verschieden sind, müssen wir die Wissenschaft hinter diesen Instrumenten kennen und etwas praktische Erfahrung zu diesem Thema haben. Ähnlich ist die innere Essenz – das Bewusstsein – welches jedem Objekt im Universum innewohnt, ein und dasselbe, obwohl diese von außen betrachtet alle verschieden erscheinen. Durch unsere spirituelle Praxis müssen wir das Auge der Weisheit entwickeln, um dies zu sehen. Die großen *Rishis*, die die Wahrheit durch ihre direkte Erfahrung erkannt hatten, reichten die Wahrheit an die folgenden Generationen weiter. Es ist diese Philosophie, die uns von den Rishis geschenkt wurde, die die Lebensweise des indischen Volkes geformt hat.

,Hindu' ist der Name, der dem Menschen gegeben wurde, der dieser Kultur generell gefolgt sind. Sie ist nicht wirklich eine Religion. Sie ist eine Lebensweise. Das Sankskritwort ,Matham' (Religion) hat auch eine mehr generelle

Bedeutung: nämlich Blickwinkel. Diese spezielle Kultur ist die Summe der Erfahrungen vieler *Rishis*, die während verschiedener Zeitalter lebten und die Höchste Wahrheit direkt erfuhren. So ist Sanatana Dharma keine Religion, die von einem einzelnen Individuum geschaffen wurde. Noch ist es eine Lehre, die in einem einzelnen Buch verschlüsselt wurde. Es ist eine alles einschließende Lebensphilosophie.

Die großen Seelen, die in verschiedenen Ländern zu verschiedenen Zeitepochen lebten, gaben ihren Schülern Anweisungen, wie sie Gott (oder die Höchste Wahrheit) erreichen können. Diese Instruktionen wurden später verschiedene Religionen. Das aber, was in Indien Sanatana Dharma wurde, besteht aus den ewigen Prinzipien, Werten und ethischen Lehren, welche einer großen Anzahl selbstverwirklichter Seelen als ihre eigene Erfahrung enthüllt wurde. Später wurde dies als Hinduismus bekannt. Es schließt alles mit ein.

Sanatana Dharma besteht nicht darauf, dass Gott nur mit einem bestimmten Namen gerufen wird, oder dass man Gott nur durch einen bestimmten Weg erreichen kann. Sanatana Dharma ist wie ein großer Supermarkt, wo es alles zu kaufen gibt. Es lässt uns die Freiheit, jedem

beliebigen Weg der großen selbstverwirklichten
Seelen zu folgen und sogar einen neuen Weg zum
Ziel zu erschließen. Es gibt selbst die Freiheit zu
glauben, oder nicht an Gott zu glauben.

Was Sanatana Dharma Befreiung nennt ist
das letztendliche Loslassen aller menschlichen
Kümmernisse und Leiden. Jedoch gibt es keinerlei
Beharren darauf, dass es nur einen Weg gibt, um
dieses Ziel zu erreichen. Der spirituelle Meister
schlägt eine Methode vor, die der physischen, geistigen und intellektuellen Verfassung des Schülers
am zuträglichsten ist. Nicht alle Türen können mit
dem gleichen Schlüssel geöffnet werden. In ähn-
licher Weise brauchen wir, um unseren Geist zu
öffnen, verschiedene Schlüssel, passend zu unseren
verschiedenen *Samskaras* und Verstandesebenen.

Wie vielen Menschen kommt ein Fluss zugute, der nur in einem einzigen Kanal fließt? Wenn
der Fluss stattdessen in eine Anzahl von Kanälen
fließt, können die Menschen, die entlang diesen
Kanälen wohnen, alle Nutzen daraus ziehen. Weil
spirituelle Meister verschiedene Wege lehren, sind
auf ähnliche Weise mehr Menschen in der Lage,
diese Lehren aufzunehmen. Einem tauben Kind
muss die Zeichensprache gelehrt werden. Ein
blindes Kind muss durch die Braille-Schrift über

seinen Tastsinn belehrt werden. Und wenn ein Kind geistig zurückgeblieben ist, müssen wir uns auf seine Ebene herab begeben und Dinge auf eine einfache, verständliche Weise erklären. Nur wenn die Lehren zu ihnen passen, können die verschiedenen Schüler aufnehmen, was gelehrt wird. Auf ähnliche Weise prüfen spirituelle Meister die geistige Haltung und die *samskaras* eines jeden und entscheiden entsprechend, welchen Weg sie ihm oder ihr verordnen sollen. Unabhängig davon, wie unterschiedlich die Wege sind, das Ziel ist immer das gleiche: Die Höchste Wahrheit.

Im Sanatana Dharma hat die Bekleidung, die für jeden zugeschnitten wird, nicht dieselben Maße. Außerdem muss die Bekleidung für jedes Individuum vielleicht mehrmals umgeschneidert werden, um sie an das Entwicklungsstadium der Person anzupassen.

Spirituelle Wege und Praktiken müssen entsprechend der Zeit erneuert werden. Das ist der Beitrag, den die großen Seelen zum Sanatana Dharma gemacht haben. Diese Dynamik und Offenheit sind die Kennzeichen des Hinduismus.

Wenn man einem Baby, das gestillt wird, Fleisch gibt, wird es nicht in der Lage sein, dies zu verdauen. Das Baby wird krank und das belastet

auch die anderen. Eine Vielfalt von Nahrungs-
mitteln wird angeboten, entsprechend der Ver-
dauungskraft und des Geschmacks verschiedener
Menschen. Das erhält die Menschen gesund. Auf
ähnliche Weise ist im Sanatana Dharma die Art
der Anbetung für verschiedene Menschen entsprechend ihrer *Samskaras* verschieden. Jedes Individuum kann die Methode wählen, die am besten
zu ihr oder zu ihm passt. Welchen Pfad wir auch
immer bevorzugen, welcher Pfad uns auch immer
am besten bekommt, kann im Sanatana Dharma gefunden werden. So sind zahllose spirituelle
Pfade entstanden, wie *Jnana Yoga, Bhakti Yoga,
Karma Yoga, Raja Yoga, Hatha Yoga, Kundalini
Yoga, Kriya Yoga, Svara Yoga, Laya Yoga, Mantra
Yoga, Tantra* und *Nadopasana.*

Im Sanatana Dharma gibt es keinen Gegen-
satz zwischen spirituellem und weltlichem Leben
(d.h. Leben als Haushälter). Es weist das weltliche
Leben nicht im Namen der Spiritualität zurück.
Stattdessen lehrt es, dass durch die Spiritualität
das Leben reicher und bedeutungsvoller wird.

Die *Rishis* bauten auch die materiellen Wissenschaften und die Kunst auf dem Fundament der
Spiritualität auf. Sie sahen die Künste und Wissenschaften als Stufen, die zur Höchsten Wahrheit

führten und formulierten sie auf eine Weise, die schließlich zu Gott führt. In Indien entwickelten sich unzählige wissenschaftliche Disziplinen auf diese Weise – Linguistik, Architektur, *Vastu,* Astronomie, Mathematik, die Gesundheitswissenschaften, Diplomatie und Wirtschaftswissenschaften, *Natya Shastra,* Musikwissenschaft, die Wissenschaft der Erotik, Logik und *Nadi Shastra,* um ein paar aus diesen Bereichen zu nennen. Sanatana Dharma verneint oder lehnt keine Sphäre des menschlichen Lebens oder der Kultur ab. Die Tradition, die in Indien existierte, war eine, die alle Künste und Wissenschaften ermutigte.

Weil erkannt wurde, dass das Göttliche Bewusstsein in allen belebten und unbelebten Dingen existiert, entwickelte sich eine Tradition im Sanatana Dharma, dass alles mit Respekt und Verehrung betrachtet wurde. Die großen *Rishis* schauten auf Vögel, Tiere, Pflanzen und Bäume ohne eine Spur von Respektlosigkeit oder Aversion und betrachteten alle Wesen als direkte Manifestationen Gottes. So wurden Tempel sogar für Schlangen und Vögel gebaut. Selbst der Spinne und der Eidechse wurde im Tempel ein Platz zur Verehrung eingeräumt.

Sanatana Dharma lehrt, dass sich ein menschliches Wesen selbst den Segen einer Ameise verdienen müsse, um Perfektion zu erreichen. Im Bhagavatam[4] gibt es eine Geschichte über einen *Avadhuta*[5], der vierundzwanzig Gurus annimmt, einschließlich Vögeln und Tieren. Wir müssen immer die Einstellung eines Anfängers haben, denn es gibt Lektionen von allen Wesen zu lernen.

Die *Rishis* nahmen Gottes Gegenwart auch in unbelebten Objekten wahr. Sie sangen, *Sarvam Brahmamayam, re re Sarvam Brahmamayam* – „Alles ist Brahman; alles ist die Essenz des Höchsten." Heutzutage sagen die Wissenschaftler, dass alles aus Energie besteht. Das indische Volk, das an die Worte der *Rishis* glaubt, verneigt sich vor allem mit Hingabe, weil sie alles als Gott betrachtet.

---

[4] Eine der 18 Schriften, bekannt als die Puranas, die sich speziell mit den Inkarnationen von Vishnu befassen und in großen Details mit dem Leben von Krishna. Sie betont den Pfad der Hingabe und ist auch bekannt als Srimad Bhagavatam.

[5] Eine selbstverwirklichte Seele, die keinen sozialen Konventionen folgt. Nach konventionellen Vorstellungen werden Avadhutas extrem exzentrisch betrachtet.

Amma[6] erinnert sich an bestimmte Dinge aus ihrer Kindheit. Wenn es ihr passierte, dass sie auf ein Stück Papier trat, welches in den Müll gekehrt war, berührte sie es und verneigte sich davor. Falls sie das nicht tat, erhielt sie von ihrer Mutter einen Klaps. Ammas Mutter erzählte ihr, dass dieses Stück Papier nicht einfach nur ein Stück Papier sei, sondern die Göttin Saraswati, die Göttin des Lernens selbst.

Auf ähnliche Weise wurde ihr beigebracht, dass wenn sie versehentlich auf Kuhdung trat, sollte sie ihn zum Zeichen der Verehrung berühren. Kuhdung hilft dem Gras zu wachsen. Die Kühe fressen das Gras und geben uns Milch. Wir benutzen diese Milch.

Ammas Mutter lehrte sie, dass wir keine Türschwelle mit unserem Fuß berühren sollten. Falls wir darauf getreten sind, sollten wir sie mit unserer Hand berühren und uns vor ihr verneigen. Der Grund dafür ist wahrscheinlich, symbolisch gesehen, dass der Türdurchgang der Eingang ist, der uns zum nächsten Stadium im Leben führt. Wenn man die Dinge auf diese Weise betrachtet, wird alles wertvoll. Dann kann man nichts ignorieren

---

[6] Amma bezieht sich gewöhnlich in der dritten Person auf sich selbst als „Amma" (Mutter)

oder außer Acht lassen. So sollten wir alles mit Respekt und Verehrung[7] betrachten.

Das Bhagavatam (die Geschichte des Herrn) und Bhagavan (der Herr) sind nicht zwei; sie sind das Gleiche. Die Welt und Gott sind nicht zwei. So sehen wir Einheit in der Vielheit, in der Verschiedenheit. Aus diesem Grund berührt Amma selbst jetzt, wenn sie auf etwas tritt, diesen Gegenstand, und dann ihren Kopf, um ihre Verehrung diesem gegenüber zu zeigen. Obwohl sie weiß, dass Gott nicht getrennt von ihr ist, verneigt sich Amma trotzdem vor allem. Weil die Treppe, die uns hilft ins obere Stockwerk zu gelangen und auch das obere Stockwerk selbst aus dem gleichen Material gemacht sind, kann Amma die Treppe nicht ignorieren. Sie kann den Weg nicht vergessen, dem gefolgt werden musste, um dorthin zu

---

[7] Einige Leute mögen sich vielleicht wundern, warum Amma der manifestierten Welt eine solche Wichtigkeit beimisst, welche laut Sanatana Dharma *Maya* (Illusion) ist. Als Antwort darauf sagt Amma: „Wenn wir sagen, dass die äußere Welt nicht wahr oder wirklich ist, sondern unwahr und illusorisch, meinen wir nicht, dass sie nicht existiert, nur dass sie nicht permanent ist, dass sie sich ständig in einem Zustand der Veränderung befindet."

gelangen. Amma respektiert alle Bräuche, die uns helfen, das Höchste Ziel zu erreichen.

Ihre Kinder fragen vielleicht, warum Amma diese Einstellung nötig hat. Nehmen wir an ein Kind hat Gelbsucht und kann kein Salz essen, weil dies seine Beschwerden verschlimmert. Das Kind aber mag kein Essen ohne Salz und wird deshalb nach allem greifen, was salzig ist, wenn es das sieht. Seine Mutter wird den Gerichten, die sie zubereitet kein Salz hinzufügen und auch die anderen gesunden Familienmitglieder werden zum Wohle dieses Kindes das salzige Essen vermeiden. Ähnlich gibt Amma ein Beispiel, obwohl sie es nicht nötig hat, einem dieser Gebräuche zu folgen.

Weil Sanatana Dharma uns lehrt, dass in allem das Göttliche wohnt, gibt es nicht so etwas wie eine ewige Hölle. Man glaubt, egal wie viele Sünden man begangen hat, dass man sich trotzdem durch gute Gedanken und Taten reinigen und schließlich Gottverwirklichung erreichen kann. Mit ernsthafter Reue kann jeder aus den Wirkungen seiner oder ihrer Fehler entkommen, unabhängig von der Schwere der Vergehen. Es gibt keine Sünde, die nicht weggewaschen werden kann durch Reue. Aber dies sollte nicht wie das

Bad eines Elefanten sein! Der Elefant badet und steigt aus dem Wasser, nur um sofort wieder Dreck über sich zu werfen. So verhalten sich viele Leute mit ihren Fehlern.

Wir mögen viele Fehler begehen auf dem Weg durchs Leben. Aber Ammas Kinder sollten sich dadurch nicht entmutigen lassen. Wenn du fällst, denke einfach, dass du gefallen bist, um wieder aufzustehen. Bleib nicht einfach liegen, indem du denkst, dass dies ganz bequem ist. Und fühle dich nicht niedergeschmettert durch den Fall. Du musst einen Versuch machen aufzustehen und weiterzugehen.

Wenn wir auf ein Stück Papier mit einem Bleistift schreiben, können wir einen Radierer benutzen, wenn wir einen Fehler machen und die Worte neu schreiben. Aber wenn wir an der gleichen Stelle immer und immer wieder einen Fehler machen und ihn versuchen, auszuradieren, reißt das Papier vielleicht. Deshalb, Kinder, versucht, eure Fehler nicht zu wiederholen. Fehler zu machen ist natürlich, aber seid vorsichtig! Seid wachsam!

Sanatana Dharma weist niemand als unwürdig für immer zurück. Jemanden des spirituellen Pfades als unwürdig zu betrachten ist, wie wenn man ein Krankenhaus baut und keinem Patienten erlaubt, es zu benutzen. Selbst eine kaputte Uhr wird zweimal am Tag die richtige Uhrzeit anzeigen! Was also notwendig ist, ist Akzeptanz. Wenn wir jemanden als ‚unwürdig‘ meiden, verhelfen wir Rachsucht und tierischen Instinkten in dieser Person zum Leben und er oder sie werden wieder rückfällig. Wenn wir auf der anderen Seite loben, was gut in diesen Menschen ist und geduldig versuchen, ihre Fehler zu berichtigen, können wir sie tatsächlich anheben.

Wir machen deshalb Fehler, weil wir nicht wissen, wer wir wirklich sind. Sanatana Dharma weist niemanden zurück; seine Lehren versorgen jeden mit dem notwendigen Wissen. Wenn die Heiligen den Jäger Ratnakara als nichts anderen als einen Räuber abgestempelt und ihn ferngehalten hätten, wäre der Heilige Valmiki nicht geboren worden[8]. Sanatana Dharma zeigt, dass selbst ein Räuber in eine große Seele verwandelt werden kann.

Niemand wird einen Diamanten verweigern, auch wenn er in Ausscheidungen liegt. Jemand wird ihn herauspicken, reinigen und zu seinem eigenen machen. Es ist nicht möglich, irgendjemanden zurückzuweisen, weil das Höchste Sein

---

[8] Siehe die Geschichte ‚Valmikis‘ im Anhang

gegenwärtig ist in jedem. Wir sollten fähig sein, Gott in jedem zu sehen, unabhängig davon, ob der Status einer Person in der Gesellschaft hoch oder niedrig ist. Damit dies möglich wird, müssen wir zuerst die Unreinheiten wegwaschen, die unseren eigenen Geist bedecken.

Die Lehren von Sanatana Dharma sind unvergängliche Edelsteine, die die selbstlosen *Rishis* aus ihrem Mitgefühl heraus der Welt geschenkt haben. Niemand der am Leben bleiben möchte kann Luft oder Wasser vermeiden. Ähnlich kann jeder der Frieden sucht die Prinzipien von Sanatana Dharma nicht umgehen. Sanatana Dharma verlangt von uns nicht, an einen Gott zu glauben, der im Himmel wohnt. Es sagt, „Hab Vertrauen zu dir selbst. Alles ist in dir!"

Eine Atombombe hat die Kraft, einen Kontinent in Asche zu verwandeln. Aber ihre Stärke liegt in den winzigen Atomen. Ein Banyan Baum kann einen großen Bereich bedecken, obwohl er aus einem kleinen Samen wächst. Der Punkt ist der, dass die Essenz Gottes in jedem von uns existiert. Das können wir durch die Vernunft verstehen und durch die Erfahrung, die wir durch unsere spirituelle Praxis machen. Alles was wir tun müssen, ist einer von diesen Methoden zu folgen, um diese Kraft zu erwecken.

Hingabe, Glauben und aufmerksame Bewusstheit in jeder Handlung – das ist es was Sanatana Dharma lehrt. Es verlangt von dir nicht, dass du blind an etwas glauben sollst. Wenn wir eine Maschine benutzen wollen müssen wir zuerst lernen, sie zu bedienen; ansonsten könnte sie beschädigt werden. Wissen *(Jnana)* ist notwendig, um unsere Handlungen auf die richtige Weise auszuführen. Wenn wir unsere Handlungen mit der Bewusstheit ausführen, die aus diesem Verständnis erwächst – das ist aufmerksame Bewusstheit.

Ein Mann schüttet Wasser in einen Wassertank. Aber selbst nachdem er das einen ganzen Tag lang gemacht hat, ist der Tank immer noch nicht voll. Er versucht herauszufinden warum. Schließlich entdeckt er, dass einer der Ablaufstöpsel im Tank fehlt. Hier muss man verstehen, dass keine Menge Wasser genug sein kann, um den Tank zu füllen, solange man nicht das Loch verstopft. Aufmerksame Bewusstheit werden wir anwenden, sobald wir dieses Wissen erlangt haben. Nur wenn wir Handlungen mit aufmerksamer Bewusstheit durchführen, werden wir die beabsichtigten Ergebnisse erzielen.

Fünf Landarbeitern wurde die Aufgabe gegeben, Samen zu pflanzen. Einer von ihnen grub Löcher in die Erde. Ein anderer schüttete Dünger in die Löcher. Ein dritter begoss den Boden. Ein anderer bedeckte die Löcher mit Erde. Tage vergingen, aber keiner der Samen spross. Die Landarbeiter untersuchten die Erde, um herauszufinden, was falsch war, und sie entdeckten, dass der Arbeiter, dem die Aufgabe anvertraut war, Samen in die Löcher zu stecken, seine Aufgabe nicht gemacht hatte! So sieht Handlung ohne aufmerksame Bewusstheit aus; sie bringt nicht die gewünschten Ergebnisse.

Das Ziel einer jeden Handlung, die wir im Leben durchführen ist es, uns näher zu Gott zu bringen. Wir sollten unsere Handlungen selbstlos durchführen, ohne ein Gefühl von ‚Ich'. Wir sollten die Bewusstheit haben, dass wir nur fähig sind zu handeln aufgrund von Gottes Gnade und Macht. Das ist Wissen (*Jnana*) in Verbindung mit Handlung *(Karma)*. Eine Handlung, die mit solchem Wissen durchgeführt wird, ist *Karma Yoga*, das Yoga selbstlosen Handelns.

Wenn wir aufmerksame Bewusstheit praktizieren, während wir handeln, vergessen wir uns selbst. Der Geist wird zielgerichtet (auf einen

Punkt ausgerichtet). Wir erfahren Glückseligkeit. So wird Hingabe geboren. Wenn wir eine Anstrengung mit aufmerksamer Bewusstheit machen, werden unsere Bemühungen mit Sicherheit Früchte tragen. Und wenn wir die Früchte dieser Handlung ernten, wird unser Glaube stark. Solcher Glaube ist nicht schwankend. Niemand kann diesen Glauben erschüttern. Aufmerksame Bewusstheit, Hingabe und Glauben: Handlungen, die mit aufmerksamer Bewusstheit durchgeführt werden, kultivieren Hingabe und das führt zu Glauben.

Die meisten der Texte in Sanatana Dharma sind in der Form von Diskussionen geschrieben worden. Sie enthalten die Antworten des selbstverwirklichten Meisters und die Fragen des Schülers. Der Schüler hat die Freiheit, jede beliebige Frage zu stellen, bis seine oder ihre Zweifel vollständig geklärt sind. Das entwickelt aufmerksame Bewusstheit im Schüler.

Hinduismus ist gegen niemanden. Noch verlangt es von irgendjemanden seine oder ihre Religion oder Glauben auf zu geben. Tatsächlich betrachtet es das sogar als unrechte Handlung, jemandes Glauben zu zerstören. Laut Sanatana Dharma sind alle Religionen verschiedene Pfade zum gleichen Ziel. Es verneint nichts. Alles ist eingeschlossen. Für den Hindu gibt es keine solche Sache, wie eine getrennte Religion. Ursprünglich existierte kein solches Konzept in Indien.

Welcher Religion eine Person auch immer angehört, sie sollte an ihrem Glauben festhalten und im Leben voranschreiten. Nur das wird dem Sucher helfen, sein höchstes Ziel zu erreichen. Die Pfade von *Karma Yoga, Bhakti Yoga,* und *Jnana Yoga* können alle befolgt werden von Menschen verschiedener Glaubensrichtungen auf eine Weise, die zum gegenwärtigem Alter und deren Lebensstilen passt.

Das Meer und seine Wellen können ein Albtraum für diejenigen sein, die nicht schwimmen können. Auf der anderen Seite werden diejenigen, die schwimmen können, in den Wellen schwelgen. Ähnlich ist für diejenigen, die eine innewohnende Spiritualität besitzen, das Leben glückselig. Für sie ist das Leben ein Fest. Was wir brauchen, ist einen Weg, wie wir zu Lebzeiten Glückseligkeit erfahren können, nicht erst nach dem Tod. Genauso wie es notwendig ist, die Kunst des Geschäftsmanagements zu erlernen, um im Geschäft erfolgreich zu sein, ist es notwendig, die Kunst des Lebensmanagements zu erlernen, um ein wirklich glückliches Leben zu führen. Sanatana Dharma ist die umfassende Wissenschaft des Lebensmanagements.

Die Inhalte der indischen Schriften, wie der Upanishaden, der Bhagavad Gita, der Brahmasutras, des Ramayanas und des Mahabharatas sind alle ewige Wahrheiten, die Menschen aller Zeitalter verstehen können. Diese Texte sind nicht sektiererisch; sie sind Arbeiten, die auf Vernunft aufbauen und von jedem in die Praxis umgesetzt werden können. Die Texte von Sanatana Dharma können von jedem verstanden werden, genauso wie Texte über Gesundheit, Psychologie und Sozialwissenschaft. Die Aufnahme der Prinzipien von Sanatana Dharma führt zu Glück und zur Anhebung der gesamten Menschheit.

ॐ

Frage: Warum sollten wir an Gott glauben?

Amma: Es ist möglich, durch das Leben zu gehen, ohne an ein Höchstes Wesen zu glauben. Aber um mit festen, nicht schwankenden Schritten vorwärts zu schreiten, wenn wir mit einer Krise konfrontiert sind, müssen wir Zuflucht in Gott suchen. Wir sollten bereit sein, Gottes Weg zu folgen.

Ein Leben ohne Gott ist wie eine Gerichtsverhandlung, in der zwei Rechtsanwälte miteinander streiten, ohne die Anwesenheit eines Richters. Die Anhörung führt zu nichts. Wenn sie ohne Richter fortfahren ist keine Regulation möglich.

Wir verehren Gott, sodass die göttlichen Qualitäten in uns genährt werden können. Aber es gibt keine wirkliche Notwendigkeit für einen Glauben, wenn man diese so aufnehmen kann. Ob wir glauben oder nicht, das Höchste Wesen existiert als Wahrheit, und ob wir diese Wahrheit anerkennen oder nicht, sie kann nicht auf irgendeine Art und Weise verringert werden.

Die Erdanziehungskraft ist eine Tatsache; sie hört nicht auf zu existieren, bloß weil wir nicht daran glauben. Wenn wir die Existenz der Schwerkraft verneinen und von einer Anhöhe aus herunter springen, werden wir die Wahrheit akzeptieren müssen, die durch die nachteilige Wirkung des Falls hervorgerufen wurde. Sich von einer Realität wie dieser abzuwenden ist, wie wenn man Dunkelheit dadurch hervorruft, dass man die Augen schließt. Durch Anerkennen dieser Universellen Wahrheit, die Gott ist und einem Leben im

Einklang mit dieser Wahrheit, können wir einen problemfreien Gang durchs Leben haben.

ॐ

Frage: Was ist das Prinzip hinter der Verehrung eines Götzenbildes?

Amma: Hindus verehren in Wirklichkeit kein Götzenbild. Sie verehren die Höchste Macht, die dieses Bild durchdringt. Wenn ein kleiner Junge das Bild seines Vaters sieht, denkt es an seinen Vater und nicht an den Künstler, der es gemalt hat. Wenn ein junger Mann einen Stift oder ein Taschentuch sieht, das er von seiner Geliebten geschenkt bekommen hat, dann denkt er an sie, nicht an den Gegenstand. In diesen Objekten fühlt er die Frau, die er liebt.

Wenn ein gewöhnlicher Gegenstand solch starke Gefühle in einem verliebten Mann oder einer verliebten Frau hervorrufen kann, dann stellt euch vor, wie wertvoll ein göttliches Bild für den Verehrer ist, wenn es diesen Menschen an Gott erinnert. Für den Verehrer ist das modellierte Bildnis des Höchsten Wesens nicht einfach ein

Stück Stein, es ist die Verkörperung des Höchsten Bewusstseins.

Einige Leute sagen: „Ist die Eheschließung nicht nur das Binden eines Knotens?" Ja, das ist wahr; sie ist einfach das Binden einer gewöhnlichen Schnur[9] um den Hals. Aber denkt darüber nach, wie viel Wert wir diesem Stück Schnur und diesem Augenblick zuordnen! Es ist ein Augenblick, der die Grundlage für das Leben legt. Der Wert dieser Zeremonie hat nichts zu tun mit dem Wert der Schnur, aber mit dem vollkommenen Wert des Lebens selbst. Auf die gleiche Weise liegt der Wert eines göttlichen Bildnisses nicht im Wert des Steines. Das Bildnis ist unschätzbar, sein Status gleichwertig mit dem Universellen Vater/Mutter. Jeder, der das Bildnis nur als ein Stück Stein anschaut, tut dies aus Unwissenheit heraus. Eine rituelle Verehrung beginnt normalerweise mit dem Beschluss: „Ich verehre Gott in diesem Bildnis."

---

[9] In einer traditionellen Hindu Heiratszeremonie wird eine Schnur oder eine Kette mit einem Anhänger um den Hals der Braut gebunden. Das wird während ihres gesamten Ehelebens getragen und symbolisiert die anhaltende Bindung zwischen Ehemann und Ehefrau.

Es wäre schwierig für ein gewöhnliches Individuum, das alles durchdringende Höchste Bewusstsein ohne die Hilfe einer Art Symbol zu verehren, welches es repräsentiert. Ein Bildnis des Göttlichen kann sehr hilfreich sein beim Nähren der Hingabe und in der Ausrichtung des Geistes. Während wir vor dem Bildnis stehen, beten wir mit geschlossenen Augen. So hilft uns das Bildnis, unseren Geist nach innen auszurichten und die göttliche Essenz in uns zu erwecken.

Es gibt noch ein anderes wichtiges Prinzip hinter dieser Art von Verehrung. Gold, Arm- und Fußreifen, Ohrringe, Ketten und Ringe werden alle aus dem gleichen Metall gemacht. Ihre Substanz ist Gold. Ähnlich ist Gott die Grundsubstanz von allem. Wir sollten fähig sein die zugrunde liegende Einheit in der Vielheit wahrzunehmen. Ob es Shiva, Vishnu, oder Muruga (Subramanya) [10] ist, wir sollten uns der Einheit hinter ihnen bewusst sein. Wir müssen verstehen, dass all die verschiedenen Formen verschiedene Manifestationen des einen Gottes sind. Verschiedene Formen

---

[10] Muruga ist ein Gott, der von Shiva geschaffen wurde, um Seelen in ihrer Evolution zu helfen, insbesondere durch die Praxis von Yoga. Er ist der Bruder von Ganesha.

werden angenommen, weil die Leute verschiedenen Kulturen angehören. So kann jeder die Form auswählen, die er oder sie bevorzugt.

Wir müssen den Schmutz und Staub vom Spiegel entfernen, bevor wir unser Gesicht klar darin erkennen können. Auf ähnliche Weise können wir Gott nur sehen, wenn wir die Unreinheiten, die sich in unserem Geist niedergelassen haben, beseitigen. Unsere Vorfahren begannen mit der Verehrung von Bildnissen und anderen Praktiken als Teil von Sanatana Dharma, um ihren Geist zu reinigen und ihn zielgerichtet zu machen.

Im Sanatana Dharma suchen wir Gott in uns selbst, nicht irgendwo außerhalb. Wenn wir Gott in uns selbst erfahren, sind wir fähig, ihn überall zu sehen.

Gott hat kein Innen oder Außen. Gott ist das Göttliche Bewusstsein, das überall existiert und alles durchdringt. Nur weil wir individuelle Identitäten haben, das Gefühl von ‚ich', gibt es da eine Wahrnehmung von innen und außen. Gegenwärtig ist unser Geist nach außen gerichtet, nicht nach innen. Der Geist hängt an vielen Dingen außerhalb von uns selbst und an der Haltung von ‚mein' im Verhältnis zu anderen Dingen. Das Ziel der Verehrung von Bildnissen ist es, den Geist nach innen zurück zu bringen und das göttliche Bewusstsein zu erwecken, welches bereits in uns gegenwärtig ist.

ॐ

Frage: Einige Leute kritisieren den Hindu Glauben wegen der Praxis der Bildnisverehrung. Gibt es dafür irgendeinen wirklichen Grund?

Amma: Es ist nicht klar, warum irgendjemand das kritisieren möchte. Eine Verehrung von Bildnissen kann in der einen oder anderen Form in jeder Religion gefunden werden – im Christentum, Islam, Buddhismus, usw. Der einzige Unterschied besteht im Bildnis, das verehrt wird und in der Art, wie die Verehrung durchgeführt wird. Im Christentum werden keine Süßigkeiten oder Blütenblätter geopfert; stattdessen werden Kerzen angezündet. Die christlichen Priester bieten Brot als den Leib Christi an und Wein als sein Blut. Und während Hindus mit brennendem Kampfer verehren, verbrennen die Christen Weihrauch. Die Christen sehen das Kreuz als ein Symbol von Opfer und Selbstlosigkeit. Sie knien sich vor der Form Christi nieder und beten.

Im Islam sehen die Menschen ‚Mecca' als heilig an und verneigen sich in dieser Richtung. Sie sitzen vor der Kabaa, beten und kontemplieren über die Qualitäten Gottes. Alle diese Gebete bezwecken die positiven Qualitäten, die in uns vorhanden sind, zu erwecken.

In Malayalam lernen wir zuerst die einfachen Konsonanten ka, kha, ga, gha, sodass wir später lernen können, Wörter mit zusammengesetzten Klängen zu lesen und wir beginnen mit a, b und c um zu lernen, wie man English liest. Ähnlich führen alle verschiedenen Formen der Verehrung zur Entwicklung göttlicher Qualitäten in uns.

ॐ

Frage: Bezüglich der Verehrung von Bildnissen, sollten wir nicht eher den Bildhauer verehren, der die göttliche Form schuf, als die Skulptur selbst?

Amma: Wenn du die Flagge deines Landes siehst, ist es die Flagge des Schneiders, den du verehrst? Oder vielleicht den Weber, der den Stoff gewoben hat? Oder die Person, die das Garn gesponnen hat? Oder den Bauern, der die Baumwolle angepflanzt hat? Niemand denkt an all diese Leute. Stattdessen denken wir an das Land, das durch die Flagge symbolisiert wird.

Auf gleiche Weise ist es nicht der Bildhauer, der uns in den Kopf kommt, wenn wir ein göttliches Bildnis sehen; stattdessen ist es Gott, der Göttliche Bildhauer des ganzen Universums, an den wir uns erinnern. Das Höchste Wesen ist die Quelle, aus der der Künstler die Inspiration schöpft und die Stärke, das Bildnis zu schnitzen. Wenn wir zustimmen können, dass es einen Schöpfer geben muss, der ein Bildnis schafft, warum ist es dann so schwer zu glauben, dass das Universum auch von einem Schöpfer erschaffen wurde.

Durch die Verehrung eines göttlichen Bildnisses entwickeln wir die Größe des Herzens, die notwendig ist, um alle lebenden Wesen zu lieben und zu respektieren, einschließlich des Schöpfers dieses Bildnisses. Durch Anbetung und Visualisierung Gottes in diesem Bildnis werden wir innerlich gereinigt und erheben uns auf die Ebene, wo wir Gott in allem sehen und verehren können. Das ist das Ziel der Bildnisverehrung. Während uns all die Symbole, die uns an die materielle Welt erinnern, schließlich begrenzen und beengen, führen uns die Symbole, die unsere Bewusstheit für das Göttliche erwecken, zu einem Zustand von

Ausgedehntheit jenseits aller Begrenzungen. Die Verehrung von Bildnissen hilft uns, Gott überall in allem zu sehen.

ॐ

Frage: Wo hatte das Verehren von Bildnissen seinen Ursprung?

Amma: Im *Satya Yuga*, dem Zeitalter der Wahrheit,[11] Prahlada, der junge Sohn des Dämonenkönigs Hiranyakashipu erklärte, „Gott existiert selbst in dieser Säule!" als Antwort auf die Frage seines Vaters. Gott brach dann aus der Säule heraus in Form von Narasimha, dem göttlichen Menschen-Löwen. Weil der alles durchdringende Gott so aus der Säule heraus erschien und Prahladhas Entschluss wahr werden ließ, können wir sagen, dass dies die erste Begebenheit einer Bildnisverehrung war.

Prahladhas Geschichte ist berühmt. Der Dämonenkönig Hiranyakashipu wollte alle drei

---

[11] Das *Satya Yuga* wird als das Goldene Zeitalter betrachtet. Es gibt vier *Yugas* (Zeitalter oder Äonen). Siehe Anhang.

Welten unterwerfen[12] und wollte erreichen, nie sterben zu müssen. Deshalb unterzog er sich ernsthaften Kasteiungen mit dem Ziel, Lord Brahma, den Schöpfer zu erfreuen. Brahma war erfreut über diese Kasteiungen. Er erschien vor Hiranyakashipu und gewährte ihm eine Wunscherfüllung. Der Dämonenkönig sagte, „Die Wunscherfüllung um die ich bitte ist, dass ich durch nichts in deiner Schöpfung getötet werden kann. Der Tod soll mich weder am Ufer, noch im Wasser, weder im Himmel, noch auf der Erde ereilen können. Weder soll ich in einem Zimmer, noch außerhalb sterben müssen. Ich soll nicht sterben müssen weder bei Tag noch bei Nacht und nicht getötet werden von weder einem Mann noch von einer Frau, weder von himmlischen Wesen *(Devas)* noch von Dämonen *(Asuras)*, noch von irgendwelchen Wirbeltieren, weder von Menschen noch von Tieren. Noch soll ich von irgendeiner Waffe getötet werden können." Brahma segnete ihn, indem er sagte, „So sei es!" und verschwand.

Aber es passierte noch etwas, während der König seine Kasteiungen durchführte. Während seiner Abwesenheit besiegten die Himmlischen Wesen die Dämonen in der Schlacht. Indra, der

---

[12] Himmel, Erde und die Unterwelt

König der Himmlischen Wesen, nahm Hiranyakashipus schwangere Frau Kayadhu gefangen
und trug sie fort. Auf dem Weg begegnete er dem
Heiligen Narada. Auf Naradas Rat hin, ließ Indra Kayadhu in der Unterkunft des Heiligen und
kehrte in seine himmlische Welt zurück. Während
der Zeit, die Kayadu bei Narada verbrachte, lehrte
der Heilige sie die Essenz des Bhagavatam und
das Baby in ihrem Leib hörte die Ausführungen.

Nach Beendigung seiner Kasteiungen kehrte
Hiranya-kashipu zurück und besiegte die *Devas*
in der Schlacht. Er ging dann zur Unterkunft
des Heiligen und brachte seine Frau zurück zu
seinen Palast. Die Stärke der Wunscherfüllung,
die er früher erhalten hatte, blies sein Ego auf. Er
eroberte alle drei Welten. Er machte die D*evas* zu
seinen Dienern. Er störte die Heiligen und Verehrer und zerstörte ihre *Yaga Yajnas*, erhabene
vedische Opferriten. Er erklärte, dass niemand ein
Mantra rezitieren dürfe, außer *Hiranyaya Namah*
(Gruß an Hiranya, also ihn selbst).

Die Zeit kam, da seine Frau einen Sohn gebar.
Das Kind erhielt den Namen Prahlada. Weil es
sich an all die Lehren von Narada erinnerte, wuchs
es als Verehrer von Lord Vishnu auf. Als die Zeit
für Prahlada kam, seine Studien zu beginnen,

sandte ihn sein Vater in eine *Gurukula*[13]. Nach einiger Zeit wurde der König neugierig und wollte herausfinden, was sein Sohn gelernt hatte. So holte er Prahlada zurück in den Palast. Sobald sein Sohn zurückgekehrt war, fragte ihn sein Vater, was er gelernt habe. Prahlada sagte, „Lord Vishnu solle durch die neun Methoden verehrt werden: Das Anhören Seiner Geschichten, das Besingen Seiner Herrlichkeit, das sich Seiner erinnern, das Dienen zu Seinen Füßen, das Ihn verehren, das Ihn grüßen, Sein Diener sein, Sein Freund sein und sich Ihm vollkommen hingeben." Der Junge hatte das nicht in der Schule gelernt; er hatte es gehört, als er noch im Bauch seiner Mutter war. Als Hiranyakashipu hörte, wie sein Sohn sagte, dass Vishnu, Hiranyakashipus Feind verehrt werden solle, wurde er so wütend, dass er seinen Soldaten die Anweisung gab, seinen Sohn zu töten. Seine Soldaten versuchten seinen Sohn auf verschiedene Weise zu töten, hatten aber keinen Erfolg. Hiranyakashipu gab schließlich auf und sandte seinen Sohn zurück in die *Gurukula*, um die Hingabe

---

[13] Ein Ashram mit einem lebenden Guru, wo Schüler leben und studieren mit dem Guru. In alten Tagen waren Gurukulas Internate, wo Jugendliche eine umfassende Erziehung basierend auf den Veden erhielten.

in ihm auszulöschen. Aber stattdessen wurden die anderen *Asura* Kinder in der Schule, die Prahladas Rat hörten auch Verehrer von Vishnu. Als man Hiranyakashipu davon berichtete, wurde er wieder sehr wütend und fragte seinen Sohn, „Wenn es da einen Gott über die drei Welten außer mir selbst gibt, wer ist Er?" „Gott ist überall" antwortete Prahlada. „Ist er in dieser Säule?" brüllte Hiranyakashipu. „Ja, er wohnt auch in dieser Säule", sagte Prahlada. Hiranyakashipu reagierte darauf mit einem starken Faustschlag auf die Säule. Die Säule spaltete sich und heraus kam der wilde Narasimha, der göttliche Menschen-Löwe. Das passierte während des Zwielichtes. Der Herr setzte sich auf die Türschwelle des Palastes, legte den Dämonenkönig auf Seinen Schoß und tötete ihn, indem er seine Brust zerfleischte, nichts dabei benutzend, als seine Klauen.

So wurden die Worte, die aus dem unschuldigen Herzen von Prahlada kamen wahr. Das war der Anfang der Bildnisverehrung. Sein Glaube war so stark, dass er daran glaubte, dass Gott selbst in einer Säule existiert, und seine Überzeugung war so stark, dass das was er glaubte zur tatsächlichen Erfahrung wurde. Wir sollten uns das Prinzip hinter dieser Geschichte anschauen. Gott der

Allmächtige kann jede Form annehmen. Gott kann Eigenschaften haben oder ohne Eigenschaften sein. Salzwasser kann zu Salzkristallen werden und Salzkristalle können zu Salzwasser werden.

Diese Geschichte enthüllt auch ein anderes Prinzip: die Begrenzungen des menschlichen Wesens. Die Intelligenz Gottes liegt jenseits der Vorstellungskraft der meisten intelligenten und mächtigen Menschen der Erde. Es gibt eine Grenze bis zu welcher die menschliche Intelligenz reichen kann, aber Gottes Intelligenz ist grenzenlos.

Hiranyakashipu hatte sich seinen Wunsch sehr sorgfältig überlegt mit der Absicht, den Tod für immer zu vermeiden. Als ihm der Wunsch gewährt wurde, glaubte er fest daran, dass es niemand gelingen würde, ihn zu besiegen. Aber er kannte Gott nicht. Gott hat für alles eine Lösung.

Weder Tag noch Nacht. Lösung: Zwielicht. Nicht im Wasser noch auf dem Land: Gott legte den Dämonenkönig auf seinen Schoß. Weder draußen noch drinnen: Er saß auf der Türschwelle. Weder Mensch noch Tier: Er nahm die Form des Menschen-Löwen an. Keine Waffe wurde benutzt: Er tötete den König mit seinen Klauen. So tötete Gott den unrechten Hiranyakashipu ohne irgendeine der Gnaden zu verletzen, die von Brahma gewährt waren.

Gott ist jenseits der Reichweite menschlicher Intelligenz. Es gibt nur einen Weg, Gott zu kennen: indem man sich selbst voll darbringt und Zuflucht sucht zu Seinen[14] Füßen – der Weg vollkommener Hingabe.

Menschen haben die Intelligenz des Egos und die Kraft der Unterscheidung. Unterscheidung *(Viveka)* ist reine Intelligenz; sie hat keine Unreinheiten. Sie ist wie ein Spiegel. Gott kann darin klar reflektiert werden. Aber nur diejenigen, die sich Gott hingeben, können durch die Begrenzungen ihrer menschlichen Intelligenz hindurch brechen und darüber hinaus gehen.

Einige Leute fragen, „Kannst du Gott mit deinen Augen sehen? Ich glaube an nichts, das ich nicht sehen kann!" Aber ein menschliches Wesen ist in jeder Weise begrenzt. Unser Sehsinn und unser Gehörsinn sind begrenzt. Die Leute denken darüber nicht nach.

---

[14] Amma hat gesagt, dass Gott jenseits von einer Definition des Geschlechtes ist. Jedoch bezieht sich Amma, wenn sie spricht trotzdem auf die mehr traditionelle Weise auf Gott mit dem Wort ‚Er'.

Amma hat eine Frage. Du kannst den Strom nicht in einer angeschlossenen Leitung sehen. Sagst du, es gibt keinen Strom, bloß weil du ihn nicht sehen kannst? Du bekommst einen Schlag, wenn du ihn berührst. Das ist die Erfahrung.

Angenommen, du lässt einen Vogel fliegen. Er fliegt höher und höher, bis er sich schließlich zu solch einer Höhe erhoben hat, dass er nicht mehr gesehen werden kann. Sagen wir, dass der Vogel nicht mehr existiert, nur weil wir ihn nicht mehr sehen können? Welche Logik liegt darin zu beschließen, nur das zu glauben, was in die begrenzte Reichweite unserer Sicht fällt?

Für einen Richter beweisen die Aussagen von tausend Leuten, die behaupten, dass sie nicht gesehen haben, wie eine Kriminalität begangen wurde, nichts. Der Beweis liegt bei der einen Person, die behauptet, sie sei Zeuge der Kriminalität gewesen. Ähnlich beweist jemand, der behauptet, dass es keinen Gott gibt, gar nichts; der Beweis liegt bei den Worten der Heiligen, die Gott erfahren haben.

Ein Atheist ging herum und behauptete, dass es keinen Gott gibt. Er kam in das Haus eines Freundes. Im Haus gab es einen wunderschönen Globus. „Oh, wie wunderschön der ist!" rief er aus. „Wer hat ihn gemacht?" Sein Freund, der zufällig ein Gläubiger war, sagte, „Wenn schon dieses künstliche Modell der Erde nicht ohne einen Schöpfer entstehen konnte, dann braucht man für die Erschaffung der wirklichen Erde umso mehr einen Schöpfer!"

Man sagt, der Same enthalte den Baum. Wenn du einen Samen nimmst und ihn dir anschaust oder hinein beißt, kannst du den Baum nicht sehen. Aber versuche, ihn zu pflanzen. Gib dir etwas Mühe. Dann wird ein Keimling heraus sprießen. Es ist nutzlos, nur darüber zu reden; wir müssen eine Anstrengung machen. Nur dann werden wir die Erfahrung ernten.

Eine Wissenschaftlerin glaubt an die Experimente, die sie startet. Viele ihrer Versuche werden fehl gehen, aber sie gibt nicht auf. Sie fährt fort mit ihren Experimenten in der Hoffnung, dass sie im nächsten Versuch erfolgreich ist.

Denk daran, wie viele Jahre es dauert, bis man ein Doktor oder ein Ingenieur wird. Die Studenten beschweren sich nicht, dass es unmöglich ist, so lange zu warten. Das kommt daher, weil sie ihre Studien in der Haltung der Ergebenheit fortsetzen, dass sie erfolgreich sein werden in der Erreichung ihres Zieles.

Gott ist nicht jemand, den wir mit unseren Augen sehen können. Gott ist die Ursache von allem. Wenn du gefragt wirst, was zuerst da war, der Mangosamen, oder der Mangobaum, was wirst du antworten? Damit der Baum geboren werden kann ist ein Same notwendig, und damit der Same existiert, muss zuerst ein Baum da gewesen sein. Es gibt also eine unterschiedliche Ursache hinter dem Baum und dem Samen. Diese ist Gott. Gott ist die Wurzel von allem, der Schöpfer von allem. Gott ist alles. Der Weg, Gott zu kennen, ist göttliche Qualitäten in uns zu kultivieren und unser Ego Gott hinzugeben. Dann wird Göttlichkeit unsere Erfahrung werden.

Prahlada veranschaulicht den höchsten Typus von Hingabe. Es wäre schwierig einen Verehrer mit so viel Hingabe zu finden, wie Prahlada sie hatte. Wenn wir darin versagen, das zu erreichen, was wir uns vorgenommen haben, geben wir gewöhnlich jemandem anderen die Schuld und ziehen uns zurück. Des Weiteren zerbricht normalerweise unser Glaube, wenn Schwierigkeiten in unserem Leben auftauchen. Wir beschuldigen Gott. Aber schaut euch Prahlada an. Die Soldaten seines Vaters versuchten ihn zu töten, indem sie ihn unter Wasser tauchten; sie warfen ihn in kochendes Öl; sie warfen ihn einen Berg hinunter; sie zündeten ihn an. Sie versuchten wieder und wieder ihn zu töten. Aber bei jeder dieser Gelegenheiten kam Prahladas Glauben kein bisschen ins Wanken. Aufgrund dieses unerschütterlichen Glaubens konnte ihm kein Schaden zugefügt werden. Wenn sein Leben bedroht war, wiederholte er ständig das Mantra, „Narayana! Narayana!" Man sagte ihm auch viele Dinge, die dazu gedacht waren, seinen Glauben an Gott zu zerstören: Sri Hari (Vishnu) ist nicht Gott! Er ist ein Dieb! Es gibt so etwas wie Gott nicht!" und so weiter. Selbst dann fuhr Prahlada fort, den göttlichen Namen mit aufmerksamer Bewusstheit zu wiederholen.

In den meisten Fällen verlieren wir den Glauben an eine Person in dem Moment, wo wir etwas Negatives über sie hören. Wenn wir auf unserem Weg dem Leiden begegnen, verlieren wir unseren Glauben. Unsere Hingabe ist nur eine zeitweilige Hingabe. Wir rufen nach Gott, wenn wir etwas brauchen; ansonsten erinnern wir uns an Gott überhaupt nicht. Und wenn unsere Wünsche nicht erfüllt werden, verschwindet unser Glaube. Das ist unsere Verfassung. Aber trotz der Schwierigkeiten, die Prahlada durchzustehen hatte, verzagte er nie. Sein Glaube wurde mit jeder Krise stärker. Je mehr Hindernisse auftauchten, umso mehr hielt er sich entschieden an Gottes Füßen fest. So vollständig war seine Hingabe an Gott. Als Ergebnis davon wurde Prahlada zu einem Leuchtfeuer, das der ganzen Welt Licht schenkt. Selbst heute noch verbreitet seine Geschichte und seine Hingabe Licht in die Herzen Tausender. Prahlada ist herausragend wegen seiner Hingabe und seiner Verwirklichung der Nicht-Dualität *(Advaita)*. Was auch immer eine Person mit vollkommener Hingabe wie Prahlada berührt, 'verwandelt sich in Gold'. Das ist der Zustand der Haltung von Selbst-Hingabe.

Prahladas Hingabe führte auch zur Befreiung seines Vaters Hiranyakashipu. Denn durch die Hände Gottes zu sterben heißt Befreiung zu erlangen. Das bedeutet, dass Hiranyakashipus Identifikation mit dem Körper beseitigt wurde und ihm die Bewusstheit seines wahren Selbst *(atman)* geschenkt wurde. Der Körper besteht nicht für immer. Hiranyakashipu wurde dazu gebracht durch seine eigene Erfahrung zu verstehen, dass nur das Selbst beständig ist.

Menschliche Wesen sind wirklich unbedeutend klein. Trotzdem sind sie stolz auf ihre Intelligenz und Fähigkeiten und sie kritisieren Gott. Gott ist der Ursprung jenseits aller möglichen menschlichen Intelligenz. Der Weg, um Gott zu erreichen, ist durch spirituelle Praktiken, wie sie von den *Rishis* beschrieben wurden und eine dieser Praktiken kann die Verehrung von Götzenbildern sein.

ॐ

Frage: Im Hinduismus werden 300 Millionen Gottheiten verehrt. Gibt es wirklich mehr als einen Gott?

Amma: Im Hinduismus gibt es nur einen Gott. Hinduismus lehrt nicht nur, dass es ein Höchstes Wesen gibt, sondern erklärt auch, dass es nichts anderes im Universum, als dieses Höchste Wesen gibt. Gott manifestiert sich als alles im Universum. Gott ist das Bewusstsein, das alles durchdringt. Er ist jenseits aller Namen und Formen. Aber er kann auch jede Form annehmen, um den Verehrer zu segnen. Er kann sich in jeder beliebigen Anzahl verschiedener Formen und göttlicher Zustände oder Stimmungen manifestieren. Der Wind kann sich als sanfte Brise, als starker Wind, oder als rasender Sturm zeigen. Welche Manifestation ist für Gott den Allmächtigen unmöglich, der sogar den Sturm kontrolliert? Wer kann Seine Herrlichkeit beschreiben? Genauso wie Luft still sein kann, oder als Wind blasen und sich Wasser in Dampf oder Eis verwandeln kann, kann Gott entweder einen Zustand ohne Eigenschaften oder mit Eigenschaften annehmen. Auf gleiche Weise ist es ein und derselbe Gott, den die Hindus in vielen verschiedenen Formen und Zuständen verehren, so wie Shiva, Vishnu, Ganesha, Muruga, Durga, Saraswati und Kali.

Die Geschmäcker sind von Person zu Person verschieden. Individuen wachsen in verschiedenen Umgebungen und Kulturen auf. Im Sanatana Dharma haben die Leute die Freiheit, Gott in jeder beliebigen Form oder Zustand zu verehren, die zu ihren Geschmäckern und ihrer geistigen Entwicklung passt. So erschienen die unterschiedlichen Manifestationen Gottes im Hinduismus. Es sind keine verschiedenen Götter. Sie sind alle Aspekte des einen Höchsten Wesens.

Frage: Wenn Gott allgegenwärtig ist, wozu braucht man dann Tempel?

Amma: Eine spezielle Charakteristik von Sanatana Dharma ist, dass es auf die Ebene eines jeden Individuums herabkommt, um ihn oder sie anzuheben. Die Leute haben verschiedene *Samskaras*. Jedes Individuum muss entsprechend seiner oder ihrer inneren Tendenzen geführt werden. Einige Patienten reagieren allergisch auf bestimmte Injektionen und müssen eine alternative Medizin erhalten. Ähnlich müssen die einzigartigen geistigen und körperlichen Charakteristiken einer jeden Person in Betracht gezogen werden und die passenden Methoden, die zu dem *Samskara* des Individuums passen, müssen verschrieben werden. So wurden verschiedene Traditionen geschaffen. Der Pfad der Hingabe, der Pfad des selbstlosen Handelns, das Verehren des Göttlichen mit Attributen und ohne Attribute – alle diese Pfade entwickelten sich auf diese Weise. Aber sie teilen alle die gleiche Grundlage, nämlich die Unterscheidung zwischen dem Ewigen und dem Vergänglichen.

Das Ziel von *Archana*[15], andächtiges Singen und rituelle Verehrung ist das Gleiche. Einem blinden Kind lehrt man das Alphabet durch

---

[15] Eine Form der Verehrung, in welcher die Namen einer Gottheit gesungen werden, normalerweise 108, 300 oder 1000 Namen in einer Sitzung.

Berührung und einem tauben Kind durch Zeichensprache. Jeder muss geführt werden entsprechend seiner oder ihrer Ebene des Verständnisses. Tempel sind notwendig, um gewöhnliche Menschen zu erheben, durch das Herunterbringen des Göttlichen auf eine physische Ebene. Wir können niemanden ignorieren oder ablehnen.

Obwohl die Luft überall ist, erfahren wir sie greifbarer in der Nähe eines Ventilators, oder nicht? Unter einem Baum ist eine spezielle Kühle, die man woanders nicht erfährt; du fühlst die Gegenwart des Windes und erfährst seine Kühle. Ähnlich ist es, wenn wir Gott durch ein Instrument *(Upadi)* verehren, das Ihn symbolisiert, dann kann Seine göttliche Gegenwart klarer gefühlt werden. Obwohl die Sonne überall scheint, brauchen wir in einem Raum, wo die Vorhänge oder Fensterläden geschlossen sind, einen Schalter für eine Lampe, um Licht zu erhalten. Eine Kuh ist voll mit Milch, aber wir können keine Milch aus ihren Ohren erhalten, sondern nur aus ihrem Euter. Gott durchdringt alles, aber Seine Gegenwart kann leichter gefühlt werden von denjenigen, die Glauben an den Tempel haben. Damit dies geschieht ist Glauben sehr wichtig. Glauben stimmt den Geist ein. Obwohl Gott im Tempel gegenwärtig ist, erfahren diejenigen, denen es am Glauben mangelt, nicht seine Gegenwart. Es ist der Glaube, der uns diese Erfahrung schenkt.

Amma und ein paar ihrer indischen Kinder beobachteten einmal einen Tanz, der von westlichen Paaren aufgeführt wurde. Eine von Ammas Töchtern [16] war entsetzt, weil sich die Paare während des Tanzes an den Händen hielten. „Oh nein! Was für ein Tanz ist das?" rief sie aus. „Ein Mann und eine Frau, die so nahe zusammen tanzen!" Amma fragte sie, „Wenn Shiva und Parvati so nahe zusammen tanzen würden, würdest du dich darüber aufregen?" Wir würden die Göttlichkeit in dem Tanz sehen und damit kein Problem haben. Wenn wir über Shiva und Parvati reden ist da Heiligkeit, da ist Glaube. Deshalb wäre dieser Tanz erhaben. Weil wir auf der anderen Seite unfähig sind, die Göttlichkeit in diesem speziellen Mann und dieser Frau wahrzunehmen, sind wir über ihr Verhalten entsetzt! Also ist der Geist der wichtige Faktor hier. Wenn wir in unserem Glauben fest gegründet sind, können wir Gott erfahren. Glauben ist die Grundlage.

---

[16] Mutter bezieht sich auf ihre Schüler und Verehrer immer als ihre Kinder oder Söhne und Töchter

Häuser der Verehrung, in denen zahlreiche Menschen mit der gleichen geistigen Ausrichtung beten, haben eine einzigartige Qualität, die man an keinen anderen Orten findet. Eine Bar oder ein Spirituosenladen haben nicht die gleiche Erscheinung wie ein Büro. Die Atmosphäre im Tempel ist nicht die Gleiche wie die einer Bar. In der Bar verliert man die geistige Gesundheit; im Tempel gewinnt man sie. Plätze der Verehrung sind durchdrungen von den Schwingungen positiver Gedanken. Das hilft einem belasteten Geist das Gefühl von Frieden und Stille wiederzuerlangen. Die Luft in einer Parfümfabrik ist speziell, erfüllt mit einem wunderbaren Duft, während die Atmosphäre in einer Chemiefabrik vollkommen anders ist. Die von Hingabe erfüllte Atmosphäre und die heiligen Schwingungen im Tempel helfen uns, unseren Geist zu konzentrieren und Liebe und Hingabe in uns zu erwecken. Ein Tempel ist wie ein Spiegel. Im Spiegel können wir klar den Schmutz auf unseren Gesichtern sehen; er hilft uns, unsere Gesichter zu reinigen. Ähnlich hilft uns die Verehrung im Tempel, unsere Herzen zu reinigen.

Tempelverehrung ist die erste Stufe der Gottesverehrung. Der Tempel und das Bildnis, das dort installiert ist, erlauben uns, Gott auf persönliche Weise zu verehren und eine Bindung mit Gott einzugehen. Aber allmählich müssen wir die Fähigkeit entwickeln, das Göttliche Bewusstsein überall zu sehen. Das wird möglich, wenn Tempelverehrung auf die richtige Weise durchgeführt wird. Das ist das wirkliche Ziel von Tempelverehrung.

Wir zeigen den Kindern Bilder von verschiedenen Arten von Vögeln und sagen, „Das ist ein Papagei, das ist eine Amsel." Wenn die Kinder älter sind, brauchen sie keine Bilder mehr, um Vögel zu identifizieren. Nur am Anfang waren die Bilder notwendig.

In Wahrheit ist alles Gott. Da kann nichts ausgeschlossen werden.

Die Treppe und das obere Stockwerk des Hauses werden aus den gleichen Ziegelsteinen und Zement gebaut, aber das wird einem nur klar, wenn man ganz nach oben geht – und wir brauchen die Stufen, um dorthin zugelangen. Das illustriert den Vorteil den uns ein Tempel bietet.

Man sagt oft, dass man in einem Tempel geboren werden mag, aber man sollte dort nicht sterben. Wir können den Tempel zum Instrument machen auf unserer Suche nach Gott, aber wir sollten nicht daran gebunden sein. Nur das Loslassen aller Bindungen wird uns wirklich frei machen. Wir sollten nicht denken, dass Gott nur in den Tempelbildnissen existiert. Alles ist mit Bewusstsein erfüllt. Nichts ist unbelebt. Durch Verehrung erlangen wir die geistige Haltung alles als die Essenz Gottes wahrzunehmen, und alles zu lieben und ihm zu dienen. Das ist die Haltung einer tiefgehenden Akzeptanz gegenüber allem. Wir müssen erkennen, dass wir selbst und alles um uns herum Gott ist. Wir sollten die Einstellung entwickeln, alles als eins zu sehen, alles zu sehen, wie wir uns selbst sehen. Was können wir möglicherweise hassen, wenn wir alles als Gott sehen? Der Tempel und seine Rituale sollen uns zu diesem Zustand führen.

Der Ozean und die Wellen scheinen verschieden zu sein, aber beide sind Wasser. Armreifen, Halsketten, Ringe und Fußkettchen scheinen verschieden zu sein und werden an verschiedenen Teilen des Körpers getragen, aber in Wirklichkeit sind sie alle aus Gold. Aus der Perspektive des Goldes sind sie alle das Gleiche; da gibt es keinen Unterschied. Aber wenn wir sie von einem äußeren Standpunkt aus betrachten, sind sie verschieden. Auf gleiche Weise mögen Objekte um uns herum verschieden erscheinen, aber in Wirklichkeit sind sie alle das Gleiche. Sie sind Brahman, die Absolute Wirklichkeit. Da ist nur Das. Das Ziel des menschlichen Lebens ist dies zu verwirklichen, es zu erfahren. Wenn man einmal diese Verwirklichung erfährt, verschwinden die Probleme vollkommen, geradeso wie die Dunkelheit verschwindet, wenn die Sonne aufgeht.

Heute sagen die Wissenschaftler, dass alles Energie ist. Die *Rishis* gingen einen Schritt weiter und erklärten, dass alles Bewusstsein ist, das Höchste Bewusstsein, *Savam brahmamayam* – „Alles ist Brahman, das Höchste Selbst" – das war die eigene Erfahrung der *Rishis*.

Aber um das zu verwirklichen, müssen wir die Haltung transzendieren, dass Gott nur in den Tempelbildnissen wohnt. Wir sollten fähig sein, das Höchste in allem zu sehen. Um dies zu erreichen, muss Tempelverehrung mit dem Verständnis dieses Prinzips getan werden. Es ist in Wirklichkeit das Selbst, das in uns wohnt, das wir verehren. Weil das für die meisten Leute schwer zu verstehen ist, projizieren wir das Höchste Prinzip auf ein Bildnis, wie auf einen Spiegel und verehren es dort. Während wir im Tempel verehren, sollten wir einen Tempel in uns bauen. Dann können wir Gott überall sehen. Das ist also das Ziel der Verehrung im Tempel. Das ist es, was wir wirklich tun, wenn wir vor dem inneren Heiligtum stehen, eine Vorstellung des Bildnisses zu erhaschen und dann unsere Augen schließen. Wir sehen das Bild Gottes in uns, welches wir gerade außerhalb im inneren Heiligtum des Tempels sahen, und dann hoffen wir die Augen zu öffnen und Gott in allem zu sehen. Auf diese Weise können wir alle Formen transzendieren und das alles durchdringende Selbst verwirklichen.

Für viele von uns ist das Verehren Gottes eine Teilzeitaktivität. Was wir brauchen ist eine Vollzeit Hingabe. Für die Erfüllung eines bestimmten Wunsches zu beten, ist eine Teilzeit Hingabe. Was wir brauchen ist Liebe und Hingabe für Gott, welches zur Höchsten Liebe führt. Unser einziger Wunsch sollte sein, Gott zu lieben. Das ist alles, wofür wir beten sollten. Wir sollten uns immer auf Gott ausrichten. Wir sollten Gott in allem sehen. Es ist Gott, der uns die Kraft gegeben hat, zu beten. Wenn Gottes Kraft abwesend wäre, hätten wir nicht einmal die Kraft, einen Finger zu heben. Vollzeit Hingabe bedeutet, sich ständig dessen bewusst zu sein, dass es Gott ist, der uns alles tun lässt. Auf diese Weise können wir das

‚Ich' Gefühl ablegen, welches seine Wurzeln in der Körper-Geist-Intellekt Ebene hat, und uns selbst als das alles durchdringende Bewusstsein erfahren.

Der große Dichter Kalidasa betrat den Heiligen Schrein und schloss die Tür. Die Göttliche Mutter kam und klopfte an die Tür. Als sich die Tür nicht öffnete, fragte Sie: „Wer ist drinnen?" Sofort kam die Gegenfrage: „Wer ist draußen?" Wieder fragte Sie: „Wer ist drinnen?" und die gleiche Gegenfrage kam: „Wer ist draußen?" Schließlich antwortete die Göttliche Mutter: „Kali ist draußen!" Und die Antwort kam: *„Dasa* ist drinnen!"

Obwohl er wiederholt gefragt wurde, enthüllte er nicht wer drinnen sei; er sagte nie seinen Namen. Erst nachdem ihm gesagt wurde, „Kali ist draußen", antwortete er, „der Diener ist drinnen!" In dem Moment erhielt er eine volle Vision von Kali. Wenn wir das ‚ich' verlieren, bleibt nur noch das ‚Du' Gott übrig. Die unbedeutende Identität ‚ich' muss abgelegt werden. Wahre Hingabe ist die Bewusstheit „Du bist alles! Du lässt uns alles tun!" Auf diese Weise erreichen wir alles, wonach es nichts mehr zu erreichen gibt.

Gott hat uns unser Augenlicht geschenkt. Gott braucht nicht das Licht der Öllampe, für welches wir 10 Rupien ausgegeben haben, um es anzünden zu können. Gott kann nichts von uns gewinnen. Wenn wir Zuflucht in Gott suchen, sind wir diejenigen, die daraus Nutzen ziehen. Das Geld, das wir im Tempel darbringen, symbolisiert unsere Hingabe; es hilft uns, die Haltung von Hingabe zu kultivieren. Wenn wir eine Lampe mit Öl oder gereinigter Butter anzünden, wird zusätzlich die Atmosphäre durch den Rauch der Flamme gereinigt. Wir sollten nicht nur zur Erfüllung eines Wunsches eine Spende machen. Wir sollten Gott nicht als jemanden anschauen, den man bestechen kann!

Selbst die beste Samenmischung kann nicht sprießen, wenn sie in unseren Händen bleibt. Wir müssen die Samen weggeben und sie in die Erde pflanzen. Nur mit Hingabe ernten wir Gewinn. Ähnlich muss die Haltung, „Das gehört mir", oder „Mein Wunsch muss erfüllt werden", aufgegeben werden. Wir müssen die Haltung entwickeln, „Alles gehört Dir allein. Möge Dein Wille geschehen!" Nur mit solch einer Haltung wird unsere Hingabe vollständig.

Viele Leute denken, Hingabe bedeute, nur indem man Gott etwas gäbe erhält man irgendein Ergebnis. Aber so sollte Hingabe nicht verstanden werden. Gegenwärtig sind wir immer noch auf der Ebene von Geist und Intellekt. „Ich bin dieser Körper. Ich bin der Sohn oder die Tochter oder so und so. Ich heiße so und so." Solche Attribute, die wir dem ‚Ich' hinzugefügt haben, müssen abgelegt werden.

Das Ego ist das einzige, was wir selbst geschaffen haben und davon müssen wir uns zurückziehen. Wir müssen das Ego Gott hingeben. Wenn wir das Ego hingeben, bleibt nur noch das, was Gott geschaffen hat, übrig. Dann werden wir zur Flöte an Seinen Lippen, oder zum Klang seines Muschelhorns. Um uns auf die Ebene von Weite zu erheben ist alles was wir tun müssen, uns von dem individuellen Geist zu befreien, der unsere eigene Schöpfung ist. Wenn einmal ‚Ich' und ‚Mein' aufgegeben werden, gibt es kein begrenztes Individuum mehr; da ist nur noch Das, welches alles durchdringt.

Ein Samen kann nicht keimen, wenn man ihn auf einen Stein wirft. Er muss in die Erde gepflanzt werden. Auf ähnliche Weise müssen wir frei werden von unserem Ego, wenn wir die wirklichen Früchte aus unseren Handlungen und Bemühungen ernten wollen. Wir sollten die

Haltung von Hingabe kultivieren. Dann kann mit Gottes Gnade alles passieren.

Es ist unser Geist, den wir Gott hingeben wollen. Aber wir können nicht einfach nur den Geist herausziehen und ihn darbringen. Deshalb bringen wir Dinge dar an denen der Geist hängt, und das ist gleichbedeutend damit, den Geist hinzugeben. Einige Leute lieben *Payasam* (ein süßes Reisgericht), deshalb opfert man Gott *Payasam*. Und wenn später das *Payasam* als *Prasad* (ein konzentrierter Segen) an arme Kinder verteilt wird, dient es einem weiteren Zweck. Der Geist ist am stärksten an Reichtum gebunden. Um von dieser Bindung befreit zu werden, opfern wir Geld im Tempel. Wir opfern auch Blumen im Tempel. Aber was wir Gott wirklich darbringen sollten, sind die Blumen unserer Herzen. Unsere Herzen darzubringen, ist wirkliche Hingabe. Das wird durch das Opfern von Blumen symbolisiert.

Anstatt nur zu verlangen, „Gib mir dies und gib mir das", sollten wir uns auch nach Gottes göttlichen Qualitäten wie Liebe, Mitgefühl und innerem Frieden sehnen. Wiederhole ein Mantra, tue gute Taten und bitte um Gottes Gnade. Gott wird dir alles geben, was du brauchst. Es ist nicht notwendig, um irgendetwas Spezielles zu bitten.

Verehre Gott mit Liebe. Gott ist sich all der
Wünsche in unserem Geist bewusst. Denke nicht
Gott weiß alles nur, wenn wir es Ihm erzählen.
Einem Anwalt oder Arzt muss man alles erzählen,
sodass der Anwalt unseren Fall wirksam vertreten
kann, oder der Arzt die richtige Diagnose stellen
und die richtige Behandlung verordnen kann.
Aber Gott weiß alles, selbst wenn wir ihm nichts
erzählen. Gott ist allwissend. Trotzdem, wenn
unsere Herzen schwer sind, ist nichts Falsches
dabei, wenn wir Gott unser Herz öffnen und
unsere Bürde vor Ihm ablegen. Aber wir müssen
verstehen, dass dies nur der Anfang ist. Allmählich müssen wir lernen, Gott selbstlos zu verehren
ohne Erwartungen. Wenn wir dann für uns selbst
beten, werden wir nur um Liebe und Hingabe
an Gott bitten. Wenn das einzige Objekt unserer
Hingabe mit immer mehr Liebe und Hingabe
erfüllt wird, werden wir auch alles erhalten, was
wir sonst brauchen. Wir werden materiell gewinnen genauso wie wir spirituell angehoben werden
und uns auf dem spirituellen Pfad entwickeln.
Nur durch unschuldige höchste Liebe und Hingabe können wir Gott verwirklichen. Wir sollten
beten eins mit Gott zu werden. Dann fließt Seine

Gnade automatisch zu uns und wir werden erfüllt mit göttlichen Qualitäten.

Versuche im Tempel den Geist vollkommen auf Gott ausgerichtet zu lassen. Das Herumgehen sollte getan werden, während wir unser Mantra wiederholen. Während du vor dem Schrein stehst, um einen *Darshan*[17] zu erhalten, schließe deine Augen und visualisiere die göttliche Form mit Konzentration und meditiere über sie.

Es ist jedoch nicht genug, nur in den Tempel zu gehen und ein bisschen Verehrung zu praktizieren. Wir sollten auch etwas Zeit täglich für Meditation über Gott reservieren. Wiederhole dein Mantra so oft wie möglich. Wir erreichen spirituelle Kraft dadurch. Wenn wir das Wasser zusammen bringen, das durch verschiedene Flüsse fließt und es in einem einzigen Fluss zusammenfließen lassen, wird es zu einer großen Macht. Wir können sogar Elektrizität daraus gewinnen. Auf ähnliche Weise wird die Macht des Geistes verschwendet durch eine Vielfalt von Gedanken. Aber wenn wir den Geist auf nur einen Gedanken ausrichten, wird der Geist zu einer großen Macht. Wenn eine durchschnittliche Person vergleichbar

---

[17] Eine Begegnung mit oder eine Vision von dem Göttlichen oder einer heiligen Person

ist, mit einem gewöhnlichen Masten entlang einer Hochspannungsleitung, so ist eine Person, die sich spirituellen Kasteiungen unterwirft, vergleichbar mit einem Stromkraftwerk. Wir müssen die grundlegenden Prinzipien hinter der Gottesverehrung verstehen. Anstatt zu denken, dass es zahllose Gottheiten gibt, sollten wir sie alle als verschiedene Formen des einen Gottes sehen.

Heutzutage kommt eine zunehmende Anzahl von Leuten in Tempel. Aber es kann bezweifelt werden, ob die spirituelle Kultur und das Verständnis der Leute sich wirklich auf gleiche Weise entwickelt. Das kommt daher, dass es kein sichtbares System vor Ort in den Tempeln gibt, um das kulturelle Erbe zu erklären. Als Ergebnis betrachten die Leute Tempel als ein Mittel, um sich ihre Wünsche zu erfüllen. Wenn heutzutage Tempelbesucher ihre Augen im Gebet schließen, sind es die Wünsche, die sie sich klar in ihrem Geist ausmalen. Amma meint nicht, dass man keine Wünsche haben soll, aber wenn der Geist voll ist mit Wünschen, kann man keinen Frieden erfahren. Einige Leute gehen in den Tempel, weil sie Angst haben, dass irgendeine Gefahr auf sie zukommt, wenn sie Gott nicht verehren. Aber Gott ist auf jede Weise unser Beschützer. Was wir durch richtige Verehrung erreichen, ist vollkommene Freiheit von Furcht.

Heutzutage ist Tempelgottesdienst nur eine Imitation. Die Gottesverehrung wird nicht mit dem Verständnis der Prinzipien dahinter gemacht. Der Sohn begleitet den Vater in den Tempel. Der Vater umschreitet den Schrein. Der Sohn macht das Gleiche; er macht alles nach, was sein Vater im Tempel tut. Der Sohn wird erwachsen und nimmt seinen Sohn mit in den Tempel. Was zuvor passiert ist wird wiederholt. Wenn du sie fragst, warum sie all dies tun, wissen sie keine Antwort; und in den Tempeln werden keine Anordnungen getroffen, um ihnen die zugrunde liegenden Prinzipien zu erklären.

Da war ein Mann der jeden Tag im Familientempel eine *Puja* durchführte, eine rituelle Verehrung. Eines Tages bereitete er alles vor und als er mit seiner Anrufung begann, kam seine Katze herein und trank die Milch, die für die *Puja* gedacht war, aus. Am nächsten Tag, als er sich für die *Puja* bereit machte, setzte er die Katze unter einen Korb. Erst als die *Puja* vorbei war, ließ er die Katze frei[18].

---

[18] Gott ist natürlich auch in der Katze gegenwärtig. Aber während wir Gott in einer bestimmten Form verehren,

Er machte es sich zur Angewohnheit, die Katze jeden Tag unter den Korb zu setzten, bevor er mit der *Puja* begann. So vergingen die Jahre. Als er starb, übernahm der Sohn die Familien *Puja*. Er setzte das Ritual, einen Korb über die Katze zu stülpen fort. Eines Tages hatte er alles für die *Puja* vorbereitet und schaute sich nach der Katze um. Aber die Katze konnte nicht gefunden werden. Er entdeckte, dass die Katze gestorben war. Er verschwendete keine Zeit. Er brachte eine Katze aus dem Nachbarhaus und setzte sie unter den Korb und erst dann fuhr er fort mit der *Puja!*

Der Sohn fragte den Vater nie, warum die Katze unter den Korb gesetzt wurde. Er folgte einfach der Praxis seines Vaters, ohne nach dem Grund dahinter zu fragen. Heutzutage befolgen die meisten Leute Rituale auf die gleiche Weise. Sie versuchen nie die Prinzipien dahinter kennen zu lernen; sie wiederholen, was andere vor ihnen gemacht haben. Wie auch immer unsere Religion sein mag, wir sollten den Grund hinter verschiedenen Ritualen herausfinden. Das ist es, was jetzt getan werden muss. Wenn wir das tun, werden keine Rituale überleben, die bedeutungslos sind.

---

ist äußere Reinheit wichtig, weil äußere Reinheit zu innerer Reinheit führt.

Wenn solche Rituale weiter praktiziert werden, können wir sie bewusst eliminieren.

Es sollte ein System in den Tempeln geben, um Spiritualität und die Prinzipien hinter den Gebräuchen in Verbindung mit dem Tempel zu erklären. Tempel sollten Zentren werden, die eine spirituelle Kultur in den Menschen nähren. Auf diese Weise können wir unser strahlendes Erbe zurückgewinnen.

ॐ

Frage: Was ist die Notwendigkeit dafür, verschiedene Darbringungen im Tempel zu machen?

Amma: Gott braucht nichts von uns. Was fehlt dem Herrn des Universums? Warum würde die Sonne eine Kerze brauchen?

Das echte Opfer für Gott ist, durch das Leben mit einer Bewusstheit für spirituelle Prinzipien zu gehen. Essen und Schlafen nur entsprechend unserer Bedürfnisse, Sprechen nur wenn es notwendig ist, Sprechen auf eine Weise, dass es niemanden verletzt, keine Zeit unnötig verschwenden, sich um Alte kümmern und liebevoll mit ihnen sprechen, Kindern helfen, dass sie eine Ausbildung bekommen, wenn man keinen regelmäßigen Job hat, ein Geschäft von zuhause aus führen und etwas von dem Verdienst dafür verwenden, den Armen zu helfen – alle diese sind verschiedene Formen des Gebetes. Wenn wir die richtige Bewusstheit in jede unserer Gedanken, Worte und Handlungen bringen, wird das Leben selbst in einen Gottesdienst verwandelt. Das ist in Wirklichkeit das wahre Opfer an Gott. Aber die meisten Leute sind unfähig, das zu erfassen, weil sie die Schriften nicht richtig verstanden haben. Heutzutage gibt es wenige passende Gelegenheiten, um etwas über Sanatana Dharma zu lernen. Es gibt jede Menge Tempel und viele Leute arbeiten dort, aber es müssen Anordnungen getroffen werden, sodass Wissen der Kultur an die Leute weitergegeben werden kann. Die Leute würden davon enorm profitieren. Die Auswirkung dieses Mangels kann man heute in der Gesellschaft sehen.

Es ist gut, im Gebet an Gott Tränen zu vergießen, welche Ziele wir auch immer dabei verfolgen. Das führt uns zum höchsten Guten. Ein Baby ist vielleicht nicht fähig, ,Papa' richtig zu sagen, aber der Vater wird verstehen, was das Kind will. Er weiß, dass der Fehler des Babys aus Unwissenheit gemacht wird. Gott hört uns, egal wie wir beten. Gott schaut sich nur unsere Herzen an. Wir können nicht beten, ohne dass unsere tiefsten Herzensgefühle mitsprechen.

Wenn wir von Darbringungen im Tempel hören, fallen uns sofort *Payasam* und andere Dinge ein, die während einer *Puja* der Gottheit geopfert werden. Einige Leute fragen, „Wenn arme Leute Hunger leiden, wie können wir Gott süße Speisen opfern?" Aber wir *sehen* nicht wirklich, dass irgendeine Gottheit das *Payasam* aufisst. Wir sind diejenigen, die es danach aufessen. Die Gottesverehrer teilen das *Payasam*, das im Tempel geopfert wurde. So erhalten die Armen und Kinder alle die Gelegenheit, sich des Essens zu erfreuen. Es ist ihre Befriedigung, die zu uns als Segen kommt. Obwohl wir selbst *Payasam* lieben, dehnt sich unser Herz aus, wenn wir es mit anderen teilen. Wir erfahren Freude durch der Ausdehnung des Herzens. Das ist die wirkliche Gnade, die wir aus Darbringungen im Tempel erhalten.

Alles wird getan um Gottes Gnade zu verdienen. So sollten wir alles als eine Darbringung an Ihn tun. Der Bauer betet, bevor er den Samen sät, weil es immer eine Grenze für menschliche Bemühungen gibt. Damit eine Handlung wirklich vollständig ist und Früchte trägt, wird Gottes Gnade benötigt. Der Reis wird gepflanzt; er wächst und bringt eine Ernte. Aber wenn es kurz vor der Ernte eine Überschwemmung gibt ist alles verloren. Welche Handlung es auch immer sein mag, sie wird durch Gottes Gnade vervollkommnet. Deshalb gaben unsere Vorfahren die Tradition weiter, eine Haltung zu pflegen, zuerst Gott alles darzubringen und die Handlung nur dann auszuführen oder zu akzeptieren. Selbst wenn wir essen, sollten wir das erste bisschen Gott anbieten. Das ist die Haltung der Hingabe und des Teilens. Auf diese Weise nehmen wir die Haltung ein, unser Leben nicht als unser eigenes zu betrachten, sondern als etwas, das mit anderen geteilt werden sollte. Es ist auch ein Vorgang der Hingabe dessen, woran auch immer der Geist hängt.

Wenn wir uns fragen, woran unser Geist am meisten hängt, kennen die meisten von uns die Antwort. Zu 90% hängen wir an unserem Reichtum. Wenn der Familienbesitz geteilt wird, zögern wir nicht, selbst unsere Mütter vor Gericht zu schleppen, wenn unser Landanteil zehn Kokosnussbäume weniger zählt, als der unserer Mitverwandten. Bevor ein Inder eine Frau heiratet, wird ihre Familiengeschichte genauso in Betracht gezogen, wie der Reichtum ihrer Familie. Da gibt es wenige Ausnahmen, so wenige, dass man sie an den Fingern abzählen kann. So ist also Reichtum das, woran der Geist am meisten hängt und es ist nicht leicht, den Geist davon frei zu machen. Ein einfacher Weg dies zu tun, ist es, den Geist Gott zu widmen. Wenn wir unseren Geist Gott darbringen, wird er gereinigt. Wir opfern Gott die Dinge, die uns lieb sind als einen Weg, unseren Geist hinzugeben.

Einige sagen, dass Krishna *Payasam* liebte. Aber Krishna ist Süße! – die Süße der Liebe. Wir lieben *Payasam* und weil wir es Krishna darbringen, glauben wir, dass er das wirklich mag. Aber es ist ein Opfer von etwas, das wir selbst mögen. Der Herr ist seiner Essenz nach Liebe. Er freut sich am *Payasam* unserer Herzen, über unsere Liebe.

Ein Verehrer kaufte eine Menge Weintrauben, Äpfel und verschiedene Arten von Süßigkeiten und stellte sie in den Puja-Raum als ein Opfer an den Herrn. „Herr", sagte er, „schau wie viele Dinge ich für Dich gekauft habe: Äpfel, Weintrauben und Süßigkeiten. Bist Du zufrieden?"

Er hörte eine Stimme, die sagte, „Nein, das sind nicht die Dinge die mich befriedigen."

„Oh Herr, sage mir, was Dich beglücken würde! Ich will es für Dich kaufen"!

„Es gibt eine Blume, die die Blume des Geistes genannt wird. Diese möchte ich."

„Wo kann ich sie finden?"

„Im nächsten Haus."

Der Verehrer ging sofort zum Haus nebenan, aber der Nachbar kannte diese Blume nicht. Er ging zu allen Häusern des Dorfes. Jeder antwortete das Gleiche: „Wir haben weder eine solche Blume gesehen, noch von ihr gehört." Schließlich kehrte der Verehrer zum Herrn zurück, verneigte sich und sagte, „Herr bitte vergib mir! Ich habe überall im Dorf geschaut, aber ich konnte die Blume nicht finden, die du wolltest. Ich kann Dir nur mein Herz opfern!"

„Das ist die Blume um die ich gebeten habe, die Blume Deines Geistes. Bisher waren alle Dinge die Du mir geopfert hast welche, die durch meine Macht geschaffen wurden. Ohne die Hilfe meiner Macht kannst Du nicht einmal Deine Hand heben. Alles in der Welt ist meine Schöpfung. Aber es gibt etwas, was Du geschaffen hast: die Haltung von ‚Ich' (das Ego). Das ist es was Du mir hingeben solltest. Dein unschuldiger Geist ist die Blume, die ich über alles liebe."

Wenn Amma das sagt, fragst du dich vielleicht, warum man Gott Blumen opfern sollte.

Aber das ist nicht nur ein Ritual; dazu gibt es auch einen praktischen Aspekt. Viele Leute pflanzen Blumen an, als Opfer für Gott. Es versorgt diejenigen, die die Blumen pflücken und diejenigen, die sie verkaufen mit einem Lebensunterhalt. Es bringt auch denen Zufriedenheit, die die Blumen kaufen und sie dem Göttlichen opfern. So versorgen die Blumen, die heute blühen und morgen verwelken viele Leute mit einem Lebensunterhalt und denjenigen, die sie kaufen und in der Verehrung opfern, schenken sie Zufriedenheit. Außerdem werden solche Pflanzen in der Natur mit Vorsicht gepflegt. Wir müssen den Nutzen von allem auf diese Weise betrachten. Ist nicht eine Girlande, die aus Stoff gemacht ist, besser als eine Blumengirlande, mögen wir fragen? Solche Girlanden sind auch gut und beschäftigen viele Leute. Aber solche Girlanden verderben nicht schnell. Die echten Blumen blühen heute, verwelken und fallen morgen auseinander. Auf diese Weise können wir den größten Nutzen aus ihnen ziehen.

Wenn wir die göttlichen Prinzipien erfassen, werden sich Gottesqualitäten in uns manifestieren. Amma erinnert sich an die alten Tage. Bevor die Dorfbewohner eine Pilgerreise nach Sabarimala unternahmen, machten sie Reisschleim und ein spezielles Gemüsecurry und sättigten jeden, der kam. Bevor sie die speziellen Pilgertaschen auf ihre Köpfe hoben, gaben sie Hände voll Münzen an die Kinder. Wenn wir andere glücklich machen, indem wir zum Beispiel den Armen ausreichend zu essen geben, oder den Kindern Geld für Bonbons, kommt dies zu uns zurück in der Form von Zufriedenheit. Die liebende Freundlichkeit, die wir anderen zeigen, kommt zu uns zurück als Gnade.

Das Bargeld, das wir im Tempel opfern ist keine Art von Bestechung; es symbolisiert unsere Liebe zu Gott. Jemandem etwas zu geben, was wir lieben, ist das Gesicht der Liebe. Wenn Liebe nach außen ausgedrückt wird, wird es zur liebenden Freundlichkeit. Wir lieben Gott, aber nur wenn wir Gott etwas opfern, wird die Liebe in Mitgefühl für die Welt transformiert. Nur diejenigen, die das tun erhalten Gottes Gnade.

Normalerweise befolgen wir das, was die Person, die wir am meisten lieben, sagt. Einem jungen Mann wird von der Frau die er liebt gesagt, er solle mit dem Rauchen aufhören. Wenn er sie wirklich liebt wird er seinen schlechten Angewohnheiten ein Ende setzten. Das ist Liebe. Wenn er auf der anderen Seite mit ihr argumentiert und wissen will, warum er ihr gehorchen sollte, dann ist keine wirkliche Liebe vorhanden. In der Liebe gibt es keine zwei Individuen. Amma hat viele Leute gesehen, die auf diese Weise ihre schlechten Angewohnheiten abgelegt haben. Sie sagen, „Sie möchte nicht, dass ich trinke! Sie mag die Kleidung nicht, die ich trage!" Du magst fragen, ob es nicht eine Schwäche ist, sich denjenigen die wir lieben anzupassen. Aber in der Liebe ist das keine Schwäche. Man kann sich der Liebe nicht erfreuen, wenn die Vernunft und die Logik hineinreden. In der Liebe ist nur die Liebe selbst; da ist kein Platz für Logik.

Diejenigen, die Gott ernsthaft lieben, werden schlechte Gewohnheiten aufgeben. Sie würden nichts tun, was Gott missfällt. Oder wenn sie einen Fehler machen, werden sie ihr bestes versuchen, diesen nicht zu wiederholen. Sie sparen das Geld, das sie zuvor für schlechte Gewohnheiten ausgegeben haben und benutzen es, um denjenigen, die in Not sind zu helfen, weil den Armen zu dienen, wirkliche Verehrung von Gott darstellt. Sie begrenzen ihre Benutzung von Luxus und benutzen das Geld, das sie auf diese Weise gespart haben, um den Armen zu dienen. Sie gewöhnen sich an, die Benutzung von allem zu begrenzen auf nicht mehr, als das was notwendig ist. Sie hören damit auf, Reichtum anzuhäufen. Sie geben jeglichen Gedanken daran auf, reich zu werden, indem sie andere ausnutzen. So erhalten sie das Gleichgewicht und die Harmonie in der Gesellschaft.

Was wir brauchen, sind keine Glimmzüge in Logik, sondern einen praktischen Menschenverstand. Das kommt jedem zugute. Es gibt ein Sprichwort, das besagt, Lügen zu erzählen verursacht Blindheit. Unser Intellekt weiß, wenn das stimmen würde, gäbe es nur blinde Leute auf der Welt. Aber wenn wir einem Kind sagen, dass Lügen blind macht, wird es vor Lügen aus Furcht zurückschrecken. Angenommen du erzählst einem Kind das fernsieht, „Komm her Kind. Wir wollen dir Unsterblichkeit schenken!" Das Kind wird das Angebot ablehnen und sagen, dass es ganz glücklich damit ist, fern zu schauen. Aber wenn ihm gesagt wird, „Lauf! Das Haus brennt!" wird es sofort aus der Tür eilen. Solche Worte werden es in Aktion versetzen. Das hat nichts mit dem Intellekt zu tun; die Worte sind einfach praktisch. Viele Praktiken erscheinen vielleicht bedeutungslos oder abergläubisch, aber wenn wir sie etwas genauer untersuchen, können wir sehen, dass wir viele praktische Vorteile daraus ziehen können. Der Geist ist sehr begrenzt, unkritisch und kindisch und diese Praktiken führen den Geist in die richtige Richtung.

Ein Baby das gestillt wird, kann kein Fleisch verdauen; das Baby würde davon krank werden. Einem jungen Baby kann nur einfaches Essen gegeben werden. Wir müssen uns auf die Ebene einer jeden Person herab begeben und ihr die entsprechende Führung anbieten. Die Dinge sollten ihr auf eine Weise erklärt werden, die passend ist für ihre körperliche, geistige und intellektuelle Verfassung. Im Sanatana Dharma gibt es Lehren, die auf eine Weise ausgedrückt werden, dass sie für alle möglichen Leute passen. Deshalb mögen manche Dinge im Sanatana Dharma einigen Leuten als unverfeinert oder sogar grotesk erscheinen. Aber wenn wir sie logisch untersuchen, werden wir sehen, wie praktisch sie sind. Es wäre nicht falsch zu sagen, dass Praktikabilität die Grundlage von Sanatana Dharma ist.

ॐ

Frage: Wir sehen, dass teure Juwelen benutzt werden, um Tempelbildnisse zu schmücken. Wie passt solcher Luxus zu Hingabe und Spiritualität?

Amma: Gold und Silber, die benutzt werden um Darstellungen von Gott zu dekorieren gehören keinem speziellen Individuum; sie gehören der Gesellschaft als Ganzes. Dieser Reichtum bleibt im Tempel. Kaufen nicht die meisten von uns Goldschmuck und behalten ihn zuhause? Sich an Schönheit zu erfreuen ist Teil unserer Natur. Wir mögen alles was schön ist. Deshalb tragen die Leute Schmuck und farbenfrohe Kleidung. Aber diese Attraktion durch äußere Dinge verursacht Bindung; sie verstärkt die Haltung, dass wir der Körper sind. Wenn unsere Attraktion gegenüber Schönheit auf Gott gerichtet ist, wird uns das anheben. Wenn wir Gottes Bild dekorieren, werden wir eine Schönheit erfahren die göttlich ist. Auf diese Weise wird unser Geist auf Gott ausgerichtet. Selbst ohne Schmuck ist Gott die Quintessenz von Schönheit. Aber normalerweise sind wir nur fähig, uns an dieser Schönheit durch bestimmte Symbole oder begrenzte Hilfsmittel zu erfreuen. So schmücken wir solche Darstellungen von Gott entsprechend der Weise wie wir uns Gott vorstellen.

In alten Zeiten war der König der Regent des ganzen Landes. Gott ist dagegen der Regent des ganzen Universums. Leute schauten auf Gott in gleicher Weise wie sie den König ansahen. Sie glaubten, dass genauso wie der König seinen Untertanen alles gab was sie benötigten, Gott alles gab was das Universum benötigte. Sie dachten über Gott als den König der Könige. So schmückten sie Gottesdarstellungen, Tempelbildnisse auf königliche Weise und erfreuten sich an dieser Schönheit.

Ein Goldtopf braucht keinen Schmuck. Gott braucht keine Dekoration. Gott ist die Schönheit aller Schönheit. Trotzdem erfüllt das Dekorieren göttlicher Darstellungen und das Betrachten dieser wunderschönen Darstellungen einige Verehrer mit Freude und eine positive Atmosphäre entsteht in ihren Herzen. Die Dekorationen kultivieren Hingabe in solchen Menschen.

Das Bemühen, Schönheit in äußeren Dingen zu sehen bleibt, bis man den Zustand von *Jivanmukta*[19] erreicht hat. Leute suchen überall nach Schönheit. Sie möchten der am besten aussehende Mann oder die hübscheste Frau sein. Da Gott die

---

[19] Der Zustand der Selbstverwirklichung oder Erleuchtung, der zu Lebzeiten erreicht wird.

perfekte Schönheit ist, was könnte falsch daran sein, Gott (oder Gottes Bildnis) in der schönsten Form sehen zu wollen? Gott ist das alles durchdringende Bewusstsein. Die Verehrer wissen, dass Gott überall ist, innen und außen. Trotzdem möchten sie als Verehrer natürlicherweise die bezaubernde Form mit ihren eigenen Augen sehen und sich an deren Schönheit erfreuen.

„Seine Lippen sind süß, Sein Gesicht ist süß, Seine Augen sind süß, Sein Lächeln ist süß, Sein Herz ist süß, Seine Gangweise ist süß – alles am Herrn von Mathura[20] ist süß!"[21] So sieht der Verehrer Schönheit in allem was mit Gott zu tun hat und versucht diese Schönheit mit allen Sinnen zu erfahren: Gottes Form durch die Augen, Sein göttliches Lied durch die Ohren, Sein *Prasad* durch die Zunge, Seinen Duft durch die Nase, die spezielle Balsamierung (z.B. Sandelpaste) durch die Berührung. So kann jeder Sinn benutzt werden um den Geist voll auf Gott auszurichten.

---

[20] Herr von Mathura bezieht sich auf Krishna. Mathura war die Hauptstadt des Königreichs, das Krishna von seinem bösen Onkel Kamsa zurück eroberte und es der Regentschaft seines Großvaters zurückgab.

[21] Madhurashtakam durch Sri Sankaracharya.

Gott ist ganz und gar vollständig, ob er in der Form eines Königs oder Bettlers erscheint. Wir dekorieren Gott entsprechend unserer Vorstellung, das ist alles. Gott kann nicht auf unsere sehr begrenzten Konzepte begrenzt werden. Noch wünscht sich Gott irgendetwas. Es macht für Gott keinerlei Unterschied, ob wir seine Darstellung dekorieren oder nicht. Keines von den teuren Dingen, die von den Verehrern geopfert werden, beeinflusst Gott in irgendeiner Weise. Sie sind einfach nur Schmuck, reine Dekoration um den Gottesverehrer zufrieden zu stellen.

Amma erinnert sich an die Geschichte von Sri Rama in diesem Zusammenhang. Die Entscheidung wurde getroffen, Rama zum Kronprinzen auszurufen. Die Vorbereitungen für die Zeremonie waren bereits am Laufen. Aber plötzlich wurde er ins Exil in den Wald geschickt und er ging ohne eine Veränderung seiner Gefühle. Wenn er gewollt hätte, hätte er als König regieren können – das Volk war ganz auf seiner Seite – aber trotzdem ging er und bereute seine Entscheidung nie, weil er an nichts hing. Es ist diese Art des Nicht-Verhaftet-Seins, das wir durch Gottesverehrung erlangen sollten.

Der Räuber, der in Gewahrsam genommen wurde, wird von der Polizei umringt. Der Prämierminister wird auch von der Polizei umringt. Aber im Falle des Prämierministers ist die Polizei unter seiner Kontrolle. Wenn er nicht möchte, dass sie da ist, kann er sie weg schicken. Der Räuber auf der anderen Seite fürchtet sich vor der Polizei und steht unter ihrer Kontrolle. Gott ist wie der Prämierminister. Alles ist unter Seiner Kontrolle. Das verändert sich nicht, unabhängig davon, welche Form Gott annimmt. Wenn Gott sich auf der Erde in unterschiedlichen Formen manifestiert, benehmen sich diese Inkarnationen wie Menschen, weil sie lebende Beispiele für die Welt sein wollen. Aber das bindet sie in keiner Weise. Sie sind wie Butter in Wasser. Sie sind wie eine reife Erdnuss in der Schale. Sie sind durch nichts gebunden, noch kann ihnen irgendetwas anhaften.

ॐ

Frage: Es gibt die Praktik, Substanzen wie Honig und geklärte Butter während eines *Homas* (heiliges Feuerritual) ins Feuer zu opfern, um Gottes

Gnade zu erlangen. Ist es richtig, Dinge auf diese Weise zu verschwenden? Es wird gesagt, dass viele teure Materialien ins Feuer geopfert werden. Was ist Ammas Sicht dazu?

Amma: Amma stimmt dem Opfern von teuren Materialien ins Feuer nicht zu. Wenn das getan wurde, war es vielleicht um die Bindung des Geistes an diese Materialien zu beseitigen. Trotzdem ist es besser, solche Dinge zu verschenken, als sie ins Feuer zu werfen. Das würde den Armen zugute kommen und das scheint Amma logischer.

Jedoch sind in einem *Homa* feine Bedeutungen enthalten. Es ist das Ego, das Gott geopfert wird. Das Ego ist die Schöpfung des Geistes und das *Homa* symbolisiert die Unterwerfung des Egos an Gott. Wir opfern ins Feuer Materialien, die unsere Sinne symbolisieren, denn unsere Sinne verursachen die Bindung oder die Anhaftung des Geistes. Um Gottes Gnade zu erlangen, ist es nicht notwenig, Rituale durchzuführen, in welchen wir verschiedene Objekte dem Feuer opfern. Wenn wir gute Taten tun ist das genug. Es ist genug zu lieben und anderen zu dienen. Gottes Gnade kommt zu solchen, die diese Einstellung haben.

Auf andere Weise gesehen, werden die Materialien, die ins *Homa* Feuer geopfert werden, nicht wirklich verschwendet. Zeremonien wie das *Homa* wurden in dem Teil der Veden festgehalten, der sich mit Ritualen beschäftigt. Einige der Vorteile solcher Rituale wurden wissenschaftlich nachgewiesen. Das *Homa* kommt der Natur zugute. Wenn geklärte Butter, Kokosnuss, Honig, Sesamsamen, Karuka Gras und andere Zutaten ins Feuer geopfert werden, hat der Rauch aus dem Feuer die Kraft, die Atmosphäre zu reinigen. Er desinfiziert ohne die Benutzung giftiger Chemikalien. Diejenigen die den würzigen Rauch des *Homas* einatmen profitieren auch davon.

Unsere Vorfahren haben in uralter Weise Feuer gemacht, indem sie spezielle Holzstücke aneinander rieben. Das hat die Luft nicht auf die Weise verschmutzt, wie es heute brennende Streichhölzer tun. Indem wir das Feuer bei Dämmerung anzünden, während wir in einer bequemen Haltung daneben sitzen und das *Homa* durchführen, erlangen wir Konzentration des Geistes. Unsere Gedanken verschwinden. Geistige Spannungen nehmen ab. Wenn wir neben dem Feuer sitzen schwitzt der Körper und Unreinheiten werden eliminiert. Wir atmen den Duft der brennenden geklärten Butter und Kokosnuss ein und das ist gut für unsere Gesundheit. Gleichzeitig wird die

Atmosphäre gereinigt. Jeder Brauch und jedes Ritual, wie es uns unsere Vorfahren vorgeschrieben haben, war nicht nur für die innere Reinigung gedacht, sondern um die Harmonie in der Natur aufrecht zu erhalten. Keine der verordneten Handlungen verursachte irgendeine Umweltverschmutzung.

In alten Zeiten war es in den meisten Häusern Brauch, Öllampen zur Dämmerung anzuzünden. Das Brennen eines Dochtes in Öl in einer Bronzelampe hilft die Atmosphäre zu reinigen. Als Kind beobachtete Amma wie der Rauch von solchen Lampen in einer Schüssel aufgefangen wurde. Die Frauen mixten dann den Ruß mit Limonensaft und wenn ein Kind geboren war, wendeten sie diese Mischung auf die Augen des Babys an. Das zerstört die Krankheitskeime hinter den Augenlidern ohne schädliche Nebeneffekte. Dieser Rauch unterscheidet sich sehr vom Rauch einer Kerosinlampe.

Die meisten Bräuche, die man in den alten Tagen pflegte, kamen der Natur zugute. Wenn in der Vergangenheit Kinder geimpft wurden, wandten ihre Mütter Kuhdung auf die Einstichstelle an zur schnelleren Heilung. Wenn wir heutzutage Kuhdung anwenden würden, würde sich die

Wunde entzünden. Daran sieht man, wie unrein Kuhdung geworden ist. Das Heilmittel der Vergangenheit wurde zum Gift von heute. In jenen Tagen wurden in der Landwirtschaft keine giftigen Chemikalien benutzt; nur Blätter und Kuhdung wurden als Dünger verwandt. Aber heutzutage benutzen die meisten Bauern giftige Dünger und Insektizide. Das Stroh solcher Bauernhöfe wird den Kühen gefüttert und deshalb ist der Dung von solchen Kühen giftig. Es wäre gefährlich, eine Wunde mit diesem Dung zu berühren. So verschmutzt ist die Natur mittlerweile.

Amma ignoriert nicht die Tatsache, dass chemische Dünger vielleicht wirtschaftlichen Gewinn bringen. Mit solchen Chemikalien erhalten wir vorübergehend bessere Ernten. Aber auf andere Weise töten sie uns. Wir mögen argumentieren, dass die größeren Erträge eine Lösung gegen Hunger sind, aber wir vergessen die wichtige Tatsache, dass weil die Leute Gemüse und Körner verzehren, für die giftige Dünger benutzt wurden, unzählige Zellen in ihren Körpern vernichtet werden.

Den Stich durch eine kleine Nadel nehmen wir nicht sehr ernst, aber wenn wir immer weiter gestochen werden, könnte das im Tod enden. Die Folge des Eintritts giftiger Substanzen in unseren

Körper ist damit vergleichbar. Jede unserer Zellen befindet sich im Sterbeprozess. Nur wenn wir sterben verstehen wir die Ernsthaftigkeit dieser Angelegenheit. Mit unserer Nahrung, dem Wasser und der Luft nehmen wir unzählige Gifte auf. Sie machen uns krank und führen uns zum schnelleren Tod.

Wir verstehen nicht, dass viele Dinge, die heute im Namen von Hygiene gemacht werden, negative Wirkungen haben. Leute benutzen chemische Reiniger um ihre Häuser zu reinigen und zu desinfizieren. Aber selbst das Einatmen der Gerüche vieler solcher Reiniger ist schädlich für unsere Gesundheit. Es werden auch nützliche Mikroorganismen getötet. Wenn wir auf der anderen Seite ein *Homa* durchführen, tötet das Material, das ins Feuer geopfert wird Keime und reinigt die Luft. Keines dieser Materialien hat irgendwelche schädlichen Wirkungen.

Heutzutage benutzen wir giftige Chemikalien um Ameisen zu töten. Diese Pestizide schaden nicht nur den Ameisen, sondern auch unseren eigenen Zellen. Wenn wir auf der anderen Seite die würzige Luft einatmen, die aus einem *Homa* Feuer aufsteigt, werden unsere Zellen erfrischt und gesünder. Das kommt nicht nur den Menschen zugute, sondern genauso anderen Lebewesen und der Natur.

In der Vergangenheit benutzten Leute Rizinusöl als Abführmittel. Es war in keiner Weise schädlich. Aber heutzutage benutzen viele Leute verschiedene Pillen zum Abführen. Solche Substanzen wirken als Abführmittel, aber zur gleichen Zeit zerstören sie viele nützliche Bakterien im Körper und es kann noch andere Nebenwirkungen geben. Trotzdem sie diese Tatsache kennen, finden es viele Leute passend, von solchen Abführmitteln abzuhängen. Leute tendieren dazu, nur das in Betracht zu ziehen, was momentan am bequemsten scheint und wählen es, künftige Konsequenzen zu ignorieren.

Zu alten Zeiten führten die Leute jede Handlung im Lichte einer umfassenden Sicht in Hinblick auf die Natur durch. Das *Homa* begann aus dieser Perspektive. Amma meint nicht, dass jeder anfangen sollte, *Homas* durchzuführen. Es ist genug dieses Geld für karitative Aktivitäten zu benutzen. Zusätzlich pflanze zehn neue Bäume! Das kommt der Atmosphäre zugute und hilft, die Natur zu bewahren.

ॐ

Frage: Erhält man irgendeinen Nutzen aus dem Singen der göttlichen Namen, dem Gebet, dem Wiederholen von Mantren, usw.? Sollten wir diese Zeit nicht stattdessen benutzen, um stattdessen etwas Nützliches für die Welt zu tun?

Amma. Viele Leute singen sinnliche Lieder. Wenn wir zu ihnen sagen würden: „Was soll das? Solltest Du nicht stattdessen etwas Nützliches für die Welt tun?" Was würden sie dazu sagen? Ist es nicht wahr, dass nur diejenigen, die irgendeinen Nutzen aus etwas ziehen, das verstehen könnten? Leute erfreuen sich am Anhören gewöhnlicher Lieder. Wenn der Verehrer hört, wie Gottes Namen gesungen werden, vergisst er alles andere und wird absorbiert im Göttlichen. Gewöhnliche Lieder sind erfreulich, weil sie sich mit den Emotionen des Geistes beschäftigen und mit weltlichen Beziehungen. Die Zuhörer werden absorbiert in solchen Gefühlen und erfreuen sich daran. Aber wenn Lieder der Hingabe und Gebete gesungen werden, erfahren beide, die Sänger und die Zuhörer geistigen Frieden.

Solche Musik, wie Discomusik erweckt verschiedene emotionale Wellen. Das Anhören von sinnlichen Liedern erweckt die Liebenden-Stimmung und führt zu entsprechenden Gedanken und Gefühlen. Lieder der Hingabe auf der anderen Seite erinnern uns an unsere Beziehung mit Gott; göttliche Qualitäten werden erweckt statt weltlichen Emotionen. Die Emotionen kommen zur Ruhe und das schenkt beiden, den Sängern und den Zuhörern Frieden.

Amma lehnt gewöhnliche Lieder nicht ab. Viele Leute erfreuen sich daran. Es gibt verschiedene Arten von Menschen auf der Welt. Alles hat eine bestimmte Relevanz auf der Ebene der Individuen. Deshalb lehnt Amma nichts ab.

Wenn wir die Herrlichkeit Gottes besingen zielen wir nicht nur auf den Zustand der Gottesverwirklichung ab. Es gibt auch andere Vorteile. Andächtige Lieder und Gebete rufen positive Schwingungen in uns und unserer ganzen Umgebung hervor. Darin bleibt kein Raum für irgendwelchen Ärger oder Negativität; da ist nur die Stimmung, die jeden zu einem Freund macht. Durch das Gebet findet ein Prozess der Kontemplation im Geist des Verehrers statt. Ein Kind wiederholt ein Wort zehn mal, merkt es sich und pflanzt es fest in sein Herz. Ähnlich ist es, wenn wir andächtige Lieder singen, wenn wir Gottes Herrlichkeit wieder und wieder besingen, schlägt das Wurzeln in unseren Herzen und unsere Leben werden bereichert.

Das Singen andächtiger Lieder macht den Geist freudvoll. Es bringt dem Geist Ruhe. Um das voll zu erfahren müssen wir die Einstellung entwickeln: „Ich bin nichts; Du (Gott) bist alles!" Das ist echtes Gebet. Es ist nicht leicht diese Einstellung zu entwickeln. Die Sonne muss aufgehen, damit die Dunkelheit verschwindet. Nur mit dem Dämmern des Wissens kann dieser geistige Zustand voll erblühen. Wir müssen nicht bis dahin warten; wir müssen nur die richtige geistige Einstellung kultivieren und vorwärts gehen.

Wir sollten nicht vergessen, dass Gott unsere Stärke ist. Wir haben nicht einmal unseren nächsten Atemzug unter unserer Kontrolle. Wir beginnen die Treppe hinunter zu gehen, indem wir sagen: „Ich bin gleich da" – und trotzdem hören wir von Leuten, die einer Herzattacke zum Opfer fallen, bevor sie den Satz beendet haben. So müssen wir die Einstellung entwickeln, dass wir nur Instrumente in Gottes Hand sind.

Wir sollten nicht nur beten und Lieder der Hingabe singen um unsere Wünsche erfüllt zu bekommen. Da gibt es viele die das Gebet als ein Mittel für persönlichen Gewinn ansehen. Das Ziel des Gebetes ist es, positive Qualitäten zu erwecken, gute innere Schwingungen. Wenn das Leben nur dazu gelebt wird um die eigenen Wünsche zu erfüllen, werden Raub, Mord und Vergewaltigungen zunehmen. Weil es Polizisten gibt und die Leute die Polizei fürchten gibt es zumindest eine gewisse Grenze in der Gesellschaft. Aber es ist die *Liebe*, die den Leuten wirklich hilft auf dem richtigen Pfad zu bleiben – Liebe und Hingabe für Gott. Das ist der praktische Weg um Harmonie in der Gesellschaft aufrechtzuerhalten. Gebet das begleitet wird von positivem Denken schafft gute Schwingungen. Gebet das begleitet wird von negativem Denken schafft schlechte Schwingungen. Die Schwingungen um eine Person die betet hängen ab von der Natur seiner oder ihrer Gebete. Wenn eine Person dafür betet, einem Gegner zu schaden, wird die betende Person erfüllt von Schwingungen des Ärgers – und was die Welt von dieser Person erhält ist Ärger. Auf diese Weise passen die Schwingungen, die von einem Individuum beim Gebet in die Welt aufsteigen zur Haltung des Geistes hinter seinem oder ihrem Gebet.

Verschiedene Gefühle entstehen in einem Menschen wenn er an seine Mutter, seine Frau und seine Kinder denkt. Wenn er sich an seine Mutter erinnert füllt mütterliche Liebe und Anziehung seinen Geist. Gedanken über seine Frau bringen vielleicht eheliche Stimmungen und Gefühle über den Austausch der Herzen in ihm hoch. Wenn er an seine Kinder denkt fühlt er elterliche Liebe. Alle diese Gefühle wohnen im Geist und sie erwecken unterschiedliche Schwingungen. Weil die Schwingungen vom eigenen Geisteszustand abhängen sollten wir sicher gehen, dass unsere Gebete immer von positiven Gedanken begleitet sind. Nur dann werden unsere Gebete irgendeinen Wert für uns und für die Gesellschaft als Ganzes haben. Das Gebet, das von guten Gedanken begleitet wird, ohne irgendwelche Gefühle von Ärger oder Rachsucht, beseitigt nicht nur geistige Spannungen, sondern schafft auch eine positive Atmosphäre innen und außen.

Gedanken sind wie ein ansteckender Virus. Wenn du in die Nähe einer Person gehst, die an einem Fieber leidet, fängst du dieses Fieber vielleicht auf, weil die Bakterien dieser Krankheit möglicherweise auf dich übertragen werden. Wenn du an einen Ort gehst, wo Parfümfläschchen abgefüllt werden, wird dein Körper diesen Duft annehmen. Auf ähnliche Weise entstehen subtile Schwingungen wo auch immer Gottes Herrlichkeit besungen wird. Diese Schwingungen verbreiten sich in unserer Aura. Aber unsere Herzen müssen sich öffnen, damit dies passieren kann. Nur dann können wir uns daran erfreuen und energetisiert werden. Wenn der Geist eine negative Haltung hat werden wird nichts davon haben.

Selbst in einer spirituellen Umgebung sind die Interessen der Leute oft auf die Ebene ihrer Sinne begrenzt. Deshalb erhalten einige Leute nicht die Gnade der spirituellen Meister, denen sie sich nähern und die sie vielleicht sogar geistig segnen mögen. Ein Frosch, der unter einem Lotus lebt, ist sich der Blüte nicht bewusst, noch kann er ihren Duft genießen. Selbst um ein Euter herum, das mit Milch gefüllt ist, ist nur Blut das die Moskitos anzieht.

Einige Leute sind nicht in der Lage, Veränderungen in jenen wahrzunehmen, die spirituelle Praktiken ausüben. Sie sehen nur die Mängel in allem. Da gibt es diejenigen, die den Hinduismus kritisieren, indem sie auf die Tieropfer hinweisen, die einst im Namen der Religion begangen wurden. Wenn man ihnen zuhört scheint es, als bestände der Hinduismus nur aus Tieropfern! Wenn sie in der Vergangenheit gebeten wurden, das Tier in sich selbst zu opfern – das Ego – brachten einige Leute aus Unwissenheit heraus tatsächlich lebende Tiere als Opfer dar. Aber sehen wir nicht heutzutage moderne Menschen, die die Wahrheit für sich beanspruchen, Menschenopfer überall auf der Welt begehen. Denkt daran, wie viele im Namen von Religion und Politik getötet werden! Wir behaupten, uns über unsere Vorfahren erhoben zu haben, wenn wir es in Wirklichkeit nicht haben. Der aufwärts gerichtete Fortschritt, den wir zeigen, ist tatsächlich unser Niedergang. Um das zu verstehen, müssen wir die Situation aus einer ganzheitlichen Perspektive sehen; wir müssen sie aus der Vogelperspektive sehen, denn wenn wir von unten schauen, sehen wir nur eine sehr begrenzte Seite.

Die meisten Menschen gehören einer politischen Partei an. Sie mögen sich vielleicht von dieser Partei angezogen fühlen wegen des Lebens der Führer und ihrer Ideale und Opfer. Nachdem sie sich diese Ideale gesetzt hatten, haben sie vielleicht angefangen für diese Partei zu arbeiten. Es wäre jedoch besser, wenn sie spirituelle Ideale angenommen hätten, weil in solchen Prinzipien kein Ärger, keine Rachsucht und keine Selbstsucht enthalten sind. Wo können wir erhabenere Ideale finden, als die in der Bhagavad Gita?

Da gibt es jene die fragen mögen: „Sagt Krishna nicht in der Gita, dass wir alles hingeben müssen und arbeiten ohne es wieder aufzuzählen?" Aber es macht sich kaum jemand Gedanken darüber, warum der Herr das gesagt hat. Wenn Samen gesät werden, können sie sprießen oder auch nicht. Wenn es keinen Regen gibt, kann man Brunnen graben und Wasser durch Bewässerung erhalten; aber wie sehr man sich auch bemüht, kann man nicht sicher sagen, wie gut die Ernte sein wird. Kurz vor der Ernte kann ein großer Sturm, oder eine Flut, die ganze Ernte vernichten. Das ist die Natur der Welt. Wenn wir das akzeptieren können, können wir ohne Kummer leben. Deshalb sagte Krishna: „Tu Deine Arbeit, das Ergebnis liegt in Gottes Hand. Mach Dir keine Sorgen darüber!" Wie groß unsere Bemühung auch sein mag, Gottes Gnade ist auch nötig, wenn wir die richtigen Früchte aus unserer Handlung ernten sollen. Das ist es was Er lehrte, nicht dass wir keinen Lohn verlangen oder erwarten sollen für unsere Arbeit.

Wenn du ernsthaft daran glaubst, dass es, statt die Herrlichkeit Gottes zu besingen, zu beten oder Seinen Namen zu wiederholen genug ist, Handlungen durchzuführen, die der Welt zugute kommen, dann ist das tatsächlich genug. Gott ist nicht jemand, der jenseits des Himmels sitzt. Gott ist überall. Der Schöpfer und die Schöpfung sind nicht zwei verschiedene Dinge. Das Gold und die Goldkette sind nicht verschieden – da ist Gold in der Kette und die Kette ist aus Gold. Gott ist in uns und wir sind in Gott. Tatsächlich ist es die größte Sache, Gott in allen Menschen zu sehen und sie zu verehren. Aber der Geist muss diese Haltung zu hundert Prozent einnehmen. Es ist sehr schwierig Handlungen in einer vollkommen selbstlosen Weise auszuführen. Selbstsucht wird hineinkriechen ohne unser Wissen und dann erhalten wir nicht den vollen Nutzen aus dieser selbstlosen Handlung.

Die Leute mögen sagen: „Lasst uns nicht über Chefs und Arbeiter sprechen. Lasst uns gleich sein!" Aber wie viele Chefs sind bereit, die Arbeiter in ihre eigene Klasse mit einzuschließen? Ist der Führer, der über die Rechte der Arbeiter spricht bereit, seinen Stuhl für einen Nachfolger aufzugeben? Selbstlosigkeit hat mit Handlung zu tun, nicht mit Worten. Aber das geschieht nicht in einem Tag, es braucht ständige Übung. Wir müssen uns daran erinnern, jeden Atemzug mit guten Gedanken zu füllen. Wir sollten versuchen, gute Qualitäten zu kultivieren. Wenn wir das tun wird unser Atem gute Schwingungen in der Atmosphäre schaffen. Man sagt oft, dass Fabriken die Luft verschmutzen, aber im Menschen gibt es sogar noch ein größeres Gift und das ist das Ego. Das sollte am meisten gefürchtet werden. Andächtiges Singen und Beten hilft die Geister zu reinigen, die solches Gift in sich tragen.

Es ist schwer eine Kuh die wegläuft anzuhalten indem man ihr nachläuft. Wenn du stattdessen etwas Futter, das die Kuh mag, in deiner ausgestreckten Hand hältst und sie rufst, wird die Kuh zu dir kommen und dann kannst du das Tier mühelos anbinden. Ähnlich hilft uns das Wiederholen eines Mantras den Geist unter Kontrolle zu bringen.

Obwohl wir eins sind mit dem Schöpfer, sind unsere Geister gegenwärtig nicht unter unserer Kontrolle, und deshalb sind wir uns dieser Einheit nicht bewusst. Wir müssen unseren Geist auf die gleiche Weise unter unsere Kontrolle bringen, wie wir eine Fernsteuerung eines Fernsehers bedienen, um den gewünschten Kanal zu wählen. Heute laufen unsere Geister vielen verschiedenen Dingen nach. Das Wiederholen der göttlichen Namen ist ein einfacher Weg, um den widerspenstigen Geist zurück zu bringen und ihn auf Gott auszurichten.

Durch spirituelle Praxis entwickelt der Geist die Fähigkeit sich jeder Situation anzupassen. Die Leute tendieren dazu angespannt zu sein. Das Wiederholen des Mantras ist eine Übung, die unsere Anspannung beseitigt. Zu alten Zeiten benutzten die Kinder bestimmte Samen, um das Zählen zu lernen. Sie benutzen die Samen indem sie übten: „Eins, zwei, drei", usw. Später konnten sie im Geiste zählen, ohne die Benutzung von Samen. Wenn ein vergesslicher Mensch einkaufen geht, wird er sich eine Liste machen; nachdem die Dinge gekauft sind kann die Liste weggeworfen werden. Auf ähnliche Weise sind wir gegenwärtig in einem Zustand der Vergesslichkeit; wir sind nicht erwacht. Bis das Erwachen geschieht, sind das Wiederholen eines Mantras und andere spirituelle Übungen notwendig.

So wie es Regeln für alles gibt, gibt es bestimmte Regeln für die Meditation und andere spirituelle

Praktiken. Jeder kann gewöhnliche Lieder singen, aber ohne musikalische Ausbildung kann man kein Konzert in klassischer Musik geben. Es gibt Regeln für das Konzertspiel. Ähnlich braucht man eine gewisse Übung um erfolgreich zu meditieren. Die Meditation ist sehr praktisch, aber es können Probleme auftauchen, wenn man nicht aufpasst, es auf produktive Weise zu tun.

Ein Gesundheitstonikum ist gut für den ganzen Körper. Aber wenn man statt der vorgeschriebenen Dosierung von einem Teelöffel die ganze Flasche austrinkt, kann es einem schaden; oder wenn man zwei Löffel voll nimmt, statt der vorgeschriebenen fünf, hilft das nicht. Man muss sich an die vorgeschriebene Dosierung halten. Auf ähnliche Weise sollte man entsprechend den Anweisungen seines spirituellen Meisters meditieren. Ebenso sind gewisse spirituelle Übungen nicht für alle Leute geeignet. Wenn unpassende spirituelle Praktiken ausgeübt werden, mag die Person unfähig sein zu schlafen; er oder sie mögen sogar gewalttätig werden, oder an gewissen körperlichen Störungen leiden. Das kann gefährlich sein wenn man nicht aufpasst. Es gibt jedoch keine solchen Probleme mit dem Singen andächtiger Lieder, Rezitation oder Gebet. Jeder kann diese

Übungen sicher tun. Mit Meditation ist mehr Vorsicht geboten. Mit Meditation braucht der Sucher die Hilfe eines Meisters. Ein Raumfahrzeug kann von der Erde abheben und die Schwerkraft der Erde überwinden, aber es braucht oft eine zweite Rakete, eine Startrakete zum Abfeuern, um den Kurs anzupassen und seine Reise fortzusetzen. Ähnlich ist die Unterstützung durch die Führung eines Meisters grundlegend für den Fortschritt auf der spirituellen Reise.

Jeder von uns hat die Macht ein Gott oder ein Dämon zu sein. Wir können Krishna oder Jarasandha[22] sein. Beide Qualitäten sind in uns: Liebe und Ärger. Unsere Natur wird dadurch bestimmt, welche Qualitäten wir wählen zu nähren. Deshalb müssen wir gute Gedanken kultivieren frei von jeglichem Geist des Ärgers und einen klaren Geist frei von Konflikten. Durch Gebet und Wiederholung eines Mantras, können wir die Negativitäten aus unserem Geist beseitigen und die unwichtigen

---

[22] Jarasandha war ein mächtiger aber ungerechter König, der das Land Magadha zu Krishnas Zeiten regierte. Er unterwarf mehr als 100 König-reiche. Er wurde wiederholt in mehreren Kriegen, die er gegen Krishna führte besiegt. Später tötete Bhima auf Anweisung von Krishna Jarasandha in einem Kampf zwischen den beiden.

Dinge komplett vergessen. Normalerweise vergessen wir Dinge, wenn wir unbewusst sind, und wenn wir unsere Bewusstheit wiedererlangen, erinnern wir uns wieder an sie; das bringt unsere Anspannung zurück. Aber was durch spirituelle Übungen passiert ist anders, denn in der spirituellen Praktik vergessen wir, was unerwünscht ist, während wir voll wach sind.

Wenn wir ein Drei-Wort-Plakat an die Wand kleben mit den Worten: „Plakate aufhängen verboten", können wir hundert Worte vermeiden. Es stimmt, dass unser Hinweis selbst ein Plakat ist, aber es dient einem größeren Zweck. Das Wiederholen eines Mantras ist ähnlich. Durch das Wiederholen eines Mantras reduzieren wir die Anzahl der Gedanken. Wenn andere Gedanken ferngehalten werden, wird die Spannung, die normalerweise aus dem Denken resultiert, beseitigt. Zumindest während des Rezitierens ist der Geist ruhig; da ist kein Ärger oder Negativität. Der Geist ist gereinigt. Selbstsüchtigkeit nimmt ab und wir gewinnen eine Weite des Geistes. Wir schaffen auch gute Schwingungen in der Natur.

Wenn das Wasser, das durch viele verschiedene Kanäle fließt in einen Kanal geleitet wird, können wir es benutzen, um Strom daraus zu gewinnen.

Durch Mantra-Wiederholung und Meditation können wir die Kraft des Geistes kontrollieren, welche ansonsten verloren geht in der Vielfalt der Gedanken. Auf diese Weise können wir unsere Energie konservieren und aufbauen.

Ein Lastenträger erhält eine höhere Bildung und wird ein Wissenschaftler. Der Wissenschaftler benutzt immer noch den gleichen Kopf, der früher Lasten und Gepäck getragen hat. Aber ist die Fähigkeit des Lastenträgers die gleiche wie die des Wissenschaftlers? Wenn ein Lastenträger ein Wissenschaftler werden kann, warum sollte dann nicht ein gewöhnlicher Mensch fähig sein, zu einem spirituellen Wesen zu erblühen? Das ist durch spirituelle Übung möglich, einer Haltung der Selbstlosigkeit und guten Gedanken. Man kann eine große Menge spiritueller Kraft ansammeln durch die Konzentration des Geistes. Die Kraft, die man durch die Mantrarezitation erlangt,. kann zum Nutzen der Welt eingesetzt werden. Darin ist keine Selbstsucht. Die Welt erhält nur gute Worte und Taten von solchen Individuen.

Alle spirituellen Praktiken werden getan, um in uns den Wunsch zu entwickeln, der Welt zu dienen. Aber Amma ist bereit, die Füße von jedem zu verehren, der nicht die Neigung zum Praktizieren irgendwelcher spirituellen Disziplinen hat, aber trotzdem bereit ist, sein Leben der Welt zu weihen. Der Nutzen, der durch das Gebet erlangt wird, kann auch durch selbstlosen Dienst erreicht werden. In Selbstlosigkeit ist man vollständig. In diesem Zustand verschwindet das begrenzte Individuum.

ॐ

Frage: Einige Leute weinen wenn sie beten. Ist das nicht ein Zeichen von Schwäche? Verlieren wir nicht nur Energie, wenn wir so weinen?

Amma: Das Vergießen von Tränen während des Gebetes ist kein Zeichen von Schwäche. Wenn wir wegen gewöhnlicher Dinge weinen ist das wie ein Stück Holz, das nutzlos verbrennt; aber wenn wir im Gebet weinen, ist es als ob wir dieses Feuerholz dazu benutzen *Payasam* zuzubereiten – es schenkt uns Süße. Wenn eine Kerze herunterbrennt nimmt ihre Helligkeit zu. Wenn wir wegen materieller Dinge Tränen vergießen hilft es vielleicht, die Last in unseren Herzen zu erleichtern, aber wir sollten unsere Zeit nicht damit verschwenden, über etwas zu weinen was vorbei ist oder noch kommen wird. „Wird mein Kind ernsthaft genug studieren um die Prüfung zu bestehen:" „Schau, was mir diese Leute angetan haben!" „Was werden die Nachbarn sagen?" Dazusitzen und über solche Dinge zu weinen, kann man als Schwäche ansehen. Das führt nur zu Depression und andern geistigen Störungen. Wenn wir jedoch unsere Herzen öffnen und zu Gott beten, schenkt uns das Frieden und geistigen Gleichmut.

Wenn wir aus Sehnsucht nach Gott beten, werden positive Qualitäten in uns genährt. Ein aufrichtiges Gebet in welchem wir nach Gott rufen, beherrscht und zentriert unseren Geist, und der Geist wird zielgerichtet. Statt Energie zu verlieren, erhalten wir Energie durch eine Konzentration solcher Art. Obwohl Gott in uns ist, ist unser Geist nicht auf Gott ausgerichtet. Im Gebet zu weinen ist ein Mittel um unseren Geist auf Gott auszurichten.

Wenn ein Kleinkind sagt, dass es hungrig ist, reagiert seine Mutter vielleicht nicht sofort. Aber was passiert, wenn das Kind anfängt zu weinen? Dann kommt die Mutter angerannt, bereit ihr Kind aufzuheben und es zu füttern. Ähnlich ist das Vergießen von Tränen während des Gebetes ein guter Weg, um Kontrolle über den Geist zu erlangen. Das ist definitiv keine Schwäche.

Ein Sucher auf dem Pfad der Selbsterforschung versichert: „Ich bin nicht der Geist, der Intellekt oder der Körper; ich bin nicht wichtig oder unwichtig – ich bin das reine Selbst." Dieser Vorgang der Negation wird mit dem Geist gemacht. Für diejenigen, die keine Meditation, Yoga oder die Schriften gelernt haben ist ein leichter Weg, den Geist zu kontrollieren, Gott alles mit einem offenen Herzen zu erzählen, zu weinen und zu beten für die Erkenntnis der Wahrheit. Das ist auch eine Form der Negation, weil anstatt zu sagen: „ Ich bin nicht dies, ich bin nicht das", sagen wir zu Gott: „Du bist alles."

Einige Leute lesen lieber leise. Andere müssen laut lesen, um die Worte zu verstehen. Da sind solche, die gerne laut singen, während andere gerne leise summen. Jeder Mensch wählt, was zu ihm oder ihr passt. Es wäre falsch, irgendeine dieser Wahlen als Schwäche abzustempeln. Es ist eine Frage der persönlichen Wahl, das ist alles.

Gott ist in dir, aber dein Geist ist nicht darauf eingestimmt. Sage, dass ein Topf vor dir steht. Selbst wenn deine Augen offen sind, wenn dein

Geist woanders ist, siehst du den Topf nicht. Du kannst nicht hören, was jemand spricht, wenn dein Geist nicht anwesend ist. Auf gleiche Weise, obwohl Gott in uns ist, erkennen wir ihn nicht, weil unser Geist nicht nach innen ausgerichtet ist – wir schauen nicht nach innen. Normalerweise ist der Geist an eine Menge Dinge gebunden. Wir müssen den Geist zurückholen und ihn auf Gott ausrichten. Auf diese Weise können wir Gottes Qualitäten in uns kultivieren, Qualitäten wie Liebe, Mitgefühl und Gleichmut. Wir sollten solche Qualitäten in uns und um uns entwickeln, so dass andere davon profitieren können. Das Gebet hat die gleiche Wirkung.

Eines von Ammas Kindern sagte zu Amma: „Ich mag nicht beten. Was ist der Nutzen des Betens?" Amma sagte: „Lass Amma dich etwas fragen. Angenommen zu bist verliebt. Möchtest du nicht mit deinem Geliebten sprechen? Macht dir das keine Freude? Für den Verehrer ist es das was Beten bedeutet. Für den Verehrer ist Gott alles. Und wenn jemand etwas dagegen hätte, dass du mit deinem Geliebten sprichst, wie würdest du reagieren? Würde es dich kümmern, was diese Person sagt? Deine Aussage über das Gebet ist wie die Kritik dieser Person. Die Liebe, die wir für Gott empfinden, ist keine gewöhnliche Liebe. Es ist etwas höchst Heiliges."

Liebe und Hingabe für Gott kann nicht mit einer gewöhnlichen Liebesbeziehung verglichen werden. Ein Mann sehnt sich nach der Liebe einer Frau und eine Frau sehnt sich nach der Liebe eines Mannes. In dieser Liebe erfreuen sie sich aneinander. Aber sie erfahren keine Fülle oder Perfektion, weil sie beide Bettler sind. Das Gebet eines Verehrers für Gott ist anders. Der Verehrer betet für die Gnade, um in sich Gottesqualitäten zu entwickeln und die Weitherzigkeit, jeden als Gott zu sehen und zu lieben. Die Verehrerin teilt die Gefühle ihres Herzens mit Gott in diesem Fall. Sie nährt nicht nur göttliche Qualitäten in sich, sondern transformiert ihr Leben auch in etwas, das anderen zugute kommt. Gewöhnliche Menschen teilen ihre Gefühle mit vielen anderen; sie sehnen sich danach, von anderen geliebt zu werden. Aber die Verehrerin teilt ihr Herz nur mit dem ihr innewohnenden Gott indem sie betet: „Lass mich wie du sein! Gib mir die Stärke, alle Wesen zu lieben und die Stärke zu vergeben!"

Andächtige Lieder sind eine absolute Freude für das Herz des Verehrers; es ist die Art und Weise der Befriedigung für den Verehrer. Weltliche

109

Menschen finden ihre Freude in äußeren Dingen, aber innere Freude ist etwas anderes – und sie ist harmlos. Wenn man sie einmal erfahren hat, sucht man nie mehr nach äußerer Befriedigung. Wenn man zuhause köstliches Essen bekommt, wirst du dann gehen, um es woanders zu bekommen? Im Gebet suchen wir innen nach einem Ort der Ruhe. Das ist nicht wie bei einer Kerze, die durch äußere Hilfe angezündet werden muss; es ist ein Licht, das spontan scheint. Es ist ein Pfad, auf dem wir entdecken, dass das Licht in uns scheint.

In der materiellen Welt suchen die Menschen Befriedigung durch Wünsche, aber es ist das Gebet, das zum Frieden des Geistes führt. Man mag in der materiellen Welt auch etwas Frieden erfahren, aber dieser ist niemals dauerhaft. Wenn dich deine Lieben ignorieren, fühlst du dich traurig. Wenn ein Mensch nicht sprechen will, fühlt sich der andere traurig. Die Leute suchen nach Glück und wenn sie keinen Erfolg haben folgt mehr Leid. Wenn wir mit jemandem unsere Leiden teilen antworten sie, indem sie über ihr eigenes Leiden sprechen. Wir gehen zu ihnen auf der Suche nach Linderung, aber kommen zurück, beladen mit doppelt so viel Kummer! So wie die Spinne, die ihr Netz baut und dann darin stirbt, enden Menschen mit Anhaftungen gebunden durch diese. Es ist wie eine kleine Schlange, die versucht einen großen Frosch zu verschlingen! Um von diesem Zustand erlöst zu werden, muss man die Haltung eines Zeugen entwickeln. Das ist auch das Ziel des Gebets.

Da waren zwei Nachbarinnen. Der Ehemann der einen starb. In ihrem Kummer jammerte die Witwe laut. Die andere Frau kam herüber um sie zu trösten, indem sie sagte: „Wer ist frei vom Tod? Wenn nicht heute, so kann es morgen passieren. Der elektrische Strom wird nicht zerstört, selbst wenn die Glühbirne kaputt geht. Auf die gleiche Weise kann das Selbst nicht zerstört werden, auch wenn der Körper zugrunde geht." Mit Worten dieser Art tröstete sie die weinende Frau. Nach einiger Zeit starb der Sohn der zweiten Frau. Sie fing unbeherrscht an zu weinen. Die Witwe kam herüber und sagte zu ihrer trauernden Freundin: „Bist du nicht diejenige, die kam um mich zu trösten, als mein Mann starb? Erinnerst du dich, was du mir damals gesagt hast?" Aber egal, was die Witwe sagte, sie konnte ihre beraubte Freundin nicht am Weinen hindern. Die Frau, die ihren Sohn verloren hatte war vollkommen identifiziert mit ihrem eigenen Kummer. Doch als die Nachbarin ihren Ehemann verloren hatte, war sie fähig beiseite zu stehen und die Situation ihrer Freundin als Zeugin zu sehen – und sie war fähig zu trösten; sie hatte ihr Kraft gegeben.

Immer wenn wir uns mit einer Situation identifizieren, nimmt das Leiden zu. Aber wenn wir eine Situation vom Zeugenstandpunkt aus sehen, wächst unsere innere Stärke. Wir lesen von einem Flugzeugabsturz in der Zeitung. Wenn unsere Kinder oder Verwandte mit im Flugzeug waren, sind wir nicht fähig, die nächsten Zeilen zu lesen aufgrund unseres Kummers. Wenn es keine Möglichkeit gab, dass unsere Geliebten mit im Flugzeug waren, lesen unsere Augen die Geschichte gemütlich fertig und wandern dann weiter zum nächsten Artikel.

In weltlichen Beziehungen können wir Leiden erfahren. Wenn die Liebe eines Menschen schwindet, mag die andere Person ärgerlich werden. Der Grund ist, dass die Beziehung auf Hoffnungen, auf Wünschen und Erwartungen basierte. Aber wenn wir nach Gott rufen, ist das vollkommen anders, weil wir nichts zurück erwarten für unsere Liebe. Doch in dieser Liebe ohne Erwartungen erhalten wir alles. Im wirklichen Gebet sagen wir:

„Gott schenk uns deine Qualitäten und die Stärke, um selbstlosen Dienst zu tun!"

Schulkinder werden oft gebeten eine Aussage oder einen Abschnitt wieder und wieder zu schreiben, sodass sie sich daran erinnern. Wenn sie eine vergessene Lektion zehnmal schreiben, vergessen sie sie nicht mehr; sie wird fest verankert in ihrer Erinnerung. Ähnlich ist es, wenn wir über die göttlichen Qualitäten immer wieder während unserer Gebete nachdenken, machen wir diese Qualitäten zu unseren eigenen; wir fixieren sie in unserem Bewusstsein. Der Verehrer, der diese Qualitäten in sich erweckt, ist nicht durch sie gebunden, sondern erhebt sich zum Zustand jenseits aller Qualitäten. Derjenige, der jenseits aller Qualitäten ist wird durch nichts gebunden. Solch eine Person bleibt ein Zeuge. Indem wir die göttlichen Qualitäten in uns nähren vergessen wir uns selbst und sind fähig zu lieben und anderen zu helfen. Dann ist das begrenzte Individuum nicht mehr da. Das ist der Zustand jenseits aller Qualitäten.

ॐ

Frage: Einige Leute beschreiben den *Shiva Lingam*[23] als obszön. Hat das einen Grund?

Amma: Meine Kinder, die Leute sprechen nur deshalb so, weil sie das Prinzip hinter dem *Shiva Lingam* nicht verstehen. Jedes Individuum sieht entweder Gutes oder Schlechtes hinter allem, abhängig von den inneren Tendenzen dieser Person. Jede Religion und Organisation hat ihre eigenen Symbole oder Sinnbilder. Das Gewebe, das für die Flagge eines Landes oder einer politischen Partei benutzt wird kostet nicht mehr als zehn Rupien – aber denk an den Wert, den die Flagge enthält! In dieser Flagge sehen die Leute ihr Land oder ihre Partei. Für die Parteimitarbeiter symbolisiert die Flagge die Ideale ihrer Partei. Wenn jemand auf diesen Stoff spucken oder ihn in Stücke reißen würde, indem er sagt, dass er nicht mehr als zehn Rupien wert ist, würde es einen ernsthaften Konflikt geben. Wenn du eine Flagge siehst, denkst du nicht über die Baumwolle nach, aus der sie besteht. Du denkst nicht über die Ausscheidungen nach, die als Dünger benutzt wurden, um die Baumwolle zu ziehen und wie übel riechend sie gewesen sein müssen. In dieser

---

[23] Ein verlängerter ovaler Stein; das Prinzip von Kreativität; oft verehrt als ein Symbol von Shiva.

Flagge siehst du nur die Ideale des Landes oder der politischen Partei, die sie repräsentiert.

Für Ammas christliche Kinder ist das Kreuz das Symbol für Opfer. Wenn wir vor dem Kreuz beten denken wir nicht über die Tatsache nach, dass es das Instrument war, um Kriminelle zu kreuzigen. Wir sehen es als das Symbol für Christus Opfer und Mitgefühl. Wenn sich Ammas muslimische Kinder gegen Mecca verneigen, denken sie an die göttlichen Qualitäten.

Wir können nicht verstehen, warum einige Leute die göttlichen Symbole und Bildnisse des Hinduglaubens verspotten und beleidigen. Der *Shiva Lingam* ist nicht ein Symbol einer bestimmten Religion; er steht in Wirklichkeit für ein wissenschaftliches Prinzip. Viele Symbole werden in der Mathematik und Wissenschaft benutzt, zum Beispiel die Zeichen für die Multiplikation und Division. Benutzen nicht die Menschen aller Religionen und Länder diese Symbole? Keiner fragt danach, welcher Religion der Erfinder dieser Symbole angehörte. Niemand legt die Symbole wegen solcher Gründe zur Seite. Jeder der Mathematik lernen möchte akzeptiert diese Symbole. Auf ähnliche Weise wird niemand, der das Prinzip hinter dem *Shiva Lingam* versteht, diesen ablehnen.

Meine Kinder, die Bedeutung des Wortes *Lingam* ist ‚der Ort der Auflösung.' Das Universum erhebt sich aus dem *Lingam* und löst sich schließlich in ihn auf. Die alten *Rishi*s suchten nach dem Ursprung des Universums und durch die Kasteiungen, denen sie sich unterwarfen entdeckten sie, dass Brahman, die Absolute Wirklichkeit, die Quelle und Unterstützung von allem ist. Brahman kann nicht in Worten beschrieben werden. Man kann nicht auf ihn zeigen. Der Anfang und das Ende von allem liegen in Ihm. Brahman, der Wohnort aller Attribute und Qualitäten ist ohne Attribute und Qualitäten und ohne eine Form. Wie kann das Eigenschaftslose beschrieben werden? Nur das was Eigenschaften hat kann vom Geist und den Sinnen erfasst werden. In diesem schwierigen Zusammenhang fanden die Heiligen ein Symbol, das das Anfangsstadium zwischen Brahman und der Schöpfung repräsentiert: den *Shiva Lingam*. Es bedeutet die Erschaffung des Universums aus Brahman. Der *Shiva Lingam* ist das Symbol der *Rishis,* das sie benutzten um die Wahrheit, die sie erfuhren so zu enthüllen, damit gewöhnliche Leute sie verstehen konnten. Wir müssen verstehen, dass die eigenschaftslose Höchste Wirklichkeit jenseits von Name, Form und Individualität ist, aber dass die Menschen über die Höchste Wirklichkeit meditieren und sie in einer zugänglichen Weise verehren können sollen. Die *Rishis* akzeptierten den *Shiva Lingam* als ein wissenschaftliches Symbol, zur Benutzung auf diese Weise.

Wissenschaftler die bestimmte Strahlen studieren, die nicht mit den Augen gesehen werden können, benutzen Symbole, um sie anderen zu beschreiben. Wenn wir von Röntgenstrahlen hören wissen wir, dass sie eine bestimmte Art von Strahlung sind. Wenn wir auf ähnliche Weise den *Shiva Lingam* sehen, verstehen wir, dass er das attributlose Brahman ist in seinem Aspekt mit Attributen.

Das Wort *Shiva* bedeutet ‚günstig'. Gunst hat keine Form. Indem man den *Shiva Lingam* verehrt, welcher ein Symbol von Gunst ist, erhält der Verehrer das, was günstig ist. Gunst macht keine solchen Unterschiede wie die Kasten. Wer auch immer den *Lingam* verehrt mit der Bewusstheit des Prinzips dahinter, wird profitieren.

Meine Kinder, am Anfang der Schöpfung teilte sich das Höchste Prinzip in *Prakriti*[24] und

---

[24] Das Universum, wie wir es kennen und erfahren: die Natur

Purusha[25]. Mit dem Wort *Prakriti* meinten die *Rishis* das Universum, das wir kennen und erfahren. Obwohl *Purusha* normalerweise ‚männlich' bedeutet, ist das nicht, was es hier bedeutet. *Purusha* ist Selbstbewusstheit. *Prakriti* und *Purusha* sind nicht zwei; sie sind eins. Wie Feuer und seine Macht zu brennen nicht getrennt werden können. Wenn das Wort *Purusha* erwähnt wird, denken die Leute, die Spiritualität nicht studiert haben an ‚männlich'. Deshalb hat man dem Höchsten Selbst, welches reines Bewusstsein ist, eine männliche Form zugeordnet und ihm den Namen *Shiva* gegeben. Über *Prakriti* dachte man als ‚weiblich' und gab ihr die Namen *Shakti* und *Devi*.

Jede Bewegung hat eine zugrunde liegende bewegungslose Basis, genauso wie ein Stößel auf der unbeweglichen Basis eines Mörsers funktioniert. Shiva ist das bewegungslose Prinzip, das jeder Bewegung im Universum zugrunde liegt, während Shakti die Macht ist, welche jede Bewegung bewirkt. Der *Shiva Lingam* ist das Symbol der Einheit von Shiva und Shakti. Wenn wir über dieses Prinzip mit Konzentration meditieren, wird diese Höchste Wahrheit in uns erweckt.

---

[25] Das Bewusstsein, das im Körper wohnt; das reine, makellose Universelle Bewusstsein/Existenz

Wir sollten auch überlegen, warum der *Shiva Lingam* diese Form erhielt. Heute sagen die Wissenschaftler, dass das Universum Ei-geformt ist. Vor tausenden von Jahren bezog man sich in Indien auf das Universum als *Brahmanandam,* was ‚das große Ei' bedeutet. Brahman bedeutet das absolut Größte. Der *Shiva Lingam* ist ein Mikrokosmos von diesem riesigen kosmischen Ei. Wenn wir den *Shiva Lingam* verehren, verehren wir in Wirklichkeit das ganze Universum als die Günstige Form und als das Göttliche Bewusstsein. Das ist nicht die Verehrung eines Gottes, der irgendwo hinter dem Himmel sitzt. Das lehrt uns, dass jeder selbstlose Dienst, der dem Universum einschließlich aller lebenden Wesen gewidmet ist, eine Verehrung Shivas ist.

Unser heutiger Zustand ist der eines Babyvogels, der in der Ei-Schale seines Egos sitzt Der Grünschnabel kann nur von der Freiheit des Himmels träumen, sie aber nicht erfahren. Um diese Freiheit zu erfahren, muss das Ei ausgebrütet werden in der Wärme des Körpers des Muttervogels, sodass das Junge ausschlüpfen kann. Ähnlich muss die Schale des Egos zerbrochen werden, damit wir uns an der Seligkeit des Selbst erfreuen können. Der Ei-geformte *Shiva Lingam* erweckt die Wahrheit dieser Bewusstheit im Verehrer.

Wir singen: *„Akasha linga pahi mam, atma linga pahi mam"*, usw. Die Worte bedeuten wörtlich: „Himmel *Lingam*, beschütze mich; Selbst *Lingam* beschütze mich." Die wirkliche Bedeutung davon ist: „Möge mich Gott, der alles durchdringt wie der Himmel, beschützen; möge mich das Höchste Selbst, welches meine eigene wirkliche Natur ist, beschützen!" So ist also die Bedeutung von *Lingam* nicht Phallus, denn nicht einmal Narren würden ein männliches Sexualorgan um Schutz anbeten!

Meine Kinder, wer profitiert von der Zuordnung einer nicht existierenden Bedeutung und dem Verspotten eines göttlichen Symbols, welches unzählige Millionen von Menschen durch alle Zeitalter hindurch für die Erhebung ihrer Seelen benutzt haben? Das verursacht nur Ärger und Konflikte.

Die *Puranas*[26] sagen, dass Lord Shiva Kama, den Gott der Lust im Feuer seines dritten Auges verbrannte. Heute betrachten wir materielle Dinge als wirklich, andauernd und uns gehörend. Wir beschäftigen uns nur mit solchen Dingen. Nur wenn das dritte Auge des Wissens geöffnet ist

---

[26] Göttliche Epen, die das Leben der Götter beschreiben

erkennen wir, dass all das vergänglich ist, und dass nur das Selbst ewig ist. Dann können wir uns höchster Glückseligkeit erfreuen. In diesem Zustand gibt es keinen Unterschied zwischen männlich und weiblich, mein und dein. Das ist es was gemeint ist, wenn gesagt wird, Kama wurde zerstört. Der *Shiva Lingam* hilft uns, dieses Prinzip zu erfassen und befreit den Geist von Lust. Deshalb wurde der *Shiva Lingam* von beiden, Männern und Frauen verehrt, von Alten und Jungen, von Brahmanen und Ausgestoßenen.

Nur der Geist, der von Lust irregeführt wird, kann im *Shiva Lingam* überhaupt ein Symbol der Lust sehen. Wir sollten solchen Leuten das wahre Prinzip hinter dem Symbol erklären und so ihren Geist anheben.

Der *Shiva Lingam* illustriert, dass Shiva und Shakti nicht zwei, sondern ein und dasselbe sind. Das lässt sich auch auf das Familienleben anwenden. Mann und Frau sollten eines Geistes sein. Wenn der Mann die Stütze der Familie ist, ist die Frau die Shakti, die Stärke der Familie. Es gibt wahrscheinlich kein anderes Symbol für Gleichheit und Liebe zwischen einem Mann und einer Frau. Deshalb wird dem *Shiva Lingam* so viel Wichtigkeit in den Brahmasthanam- Tempeln zugeordnet, die Amma etabliert.

ॐ

Frage: Man sagt, dass Shiva an Begräbnisorten wohnt. Was ist die Bedeutung davon?

Amma: Wünsche sind die Ursachen aller menschlichen Leiden. Der Grund weshalb der Geist jedem Wunsch nachläuft ist die Empfindung: „Ich bin nicht vollständig." Du wirst nie vollkommenen Frieden erfahren, wenn du dich nur darauf ausrichtest, materiellen Gewinn zu machen. An den Verbrennungsstätten werden alle materiellen Wünsche und der Körper, welcher das Instrument ist, um solche Wünsche zu erfüllen, zu Asche reduziert. Und dort, wo solche Wünsche abwesend sind und kein Körperbewusstsein da ist, tanzt Lord Shiva in Seligkeit. Deshalb nennt man ihn den Bewohner der Verbrennungsstätten. Die Bedeutung davon ist nicht, dass Seligkeit nur nach dem Tod zu uns kommt. Alles ist in uns. Wir und das Universum sind eins. Beide sind gleichermaßen vollständig. Wenn die Anhaftung an den Körper im Feuer der Selbstbewusstheit stirbt, werden wir automatisch mit Seligkeit erfüllt.

Shivas Körper wird mit Asche aus den Scheiterhaufen verziert. Das ist das Symbol der Überwindung aller Wünsche. Es ist auch von großem medizinischem Wert, wenn du heilige Asche[27] auf deine Stirn schmierst. Außerdem wird sich der Geist der vergänglichen Natur des Körpers bewusst. Das inspiriert uns zu der Erinnerung, dass dieser Körper bald vergeht und dass wir so schnell wie möglich gute Taten tun sollten, ehe der Körper stirbt.

Shiva nennt man auch ‚den Losgelösten' (*Vairagi*). Losgelöstheit (*Vairagi*) bedeutet auch Abwesenheit von Anhaftung. Kinder messen ihren Spielsachen eine Menge Wichtigkeit bei, während für Erwachsene die gleichen Spielsachen nichts bedeuten. Lösgelöstheit bedeutet, Namen oder Position, körperlichen Bequemlichkeiten, Familie oder Freunden, keine unangemessene Wichtigkeit beizuordnen. Wenn wir keine echte Losgelöstheit entwickeln, wird unser Glück von der Zungenspitze anderer Leute abhängen! Unser Leben verwandelt sich in eine Spielpuppe in den

---

[27] Heilige Asche (Bhasma, Vibhuti) wird traditionell aus getrocknetem, zu Asche verbranntem Kuhdung gemacht.

Händen anderer. Leidenschaftslosigkeit ist es, was uns wahre Freiheit schenkt. Wenn wir leidenschaftslos sind, kann nichts in der Welt unsere innewohnende Seligkeit verdecken. Shiva, der Asche trägt und an Begräbnisstätten wohnt, lehrt uns dieses Prinzip. Deshalb wird Lord Shiva als der erste unter den Gurus betrachtet.

ॐ

Anhang

Advaita – Nicht-Dualismus; die Philosophie die lehrt, dass der Schöpfer und die Schöpfung eins und unteilbar sind.

Archana – ‚Darbringungen zur Verehrung‘; eine Form der Verehrung, in welcher die Namen einer Gottheit rezitiert werden, normalerweise 108, 300 oder 1000 Namen in einer Sitzung

Ashram – ‚Ort der Bemühung‘; ein Ort wo spirituelle Aspiranten leben oder einen Besuch machen, um ein spirituelles Leben zu führen und sich in spirituellen Übungen engagieren. Es ist normalerweise das Heim eines spirituellen Meisters, Heiligen oder Asketen, der die Aspiranten führt

Asura – Ein Dämon; eine Person mit dämonischen Qualitäten

Atman – Das transzendentale Selbst, der Geist oder das Bewusstsein welches ewig ist; unsere grundlegende Natur. Eine der grundlegenden Doktrinen des Sanatana Dharma ist, dass wir das ewige, reine, untadelhafte Selbst (Geist) sind

Avadhut(a) – Eine selbstverwirklichte Seele, die keinen sozialen Konventionen folgt. Nach konventionellen Regeln werden Avadhutas als extrem exzentrisch betrachtet

Bhagavad Gita – ‚Lied des Göttlichen‘; Bhagavad = vom Herrn; Gita = Lied; bezieht sich insbesondere auf Ratschlag. Die Lehren, die Krishna Arjuna auf dem Kurukshetra Schlachtfeld gab am Anfang des Mahabharata Krieges. Sie ist eine praktische Hilfe für das tägliche Leben eines jeden und enthält die Essenz der vedischen Weisheit. Man beruft sich normalerweise auf sie als die Gita

Bhagavan – Der Herr; Gott. Einer der mit sechs göttlichen Qualitäten oder Bhagas ausgestattet ist: acht Siddhis, Stärke, Herrlichkeit, Glück, Wissen und Losgelöstheit

Bhagavatam – Eine von achtzehn Schriften bekannt als die Puranas, die sich insbesondere mit den Inkarnationen von Vishnu und im großen Detail mit dem Leben Krishnas beschäftigen. Es betont den Pfad der Hingabe. Auch bekannt als Srimad Bhagavatam

Bhajan – Lieder der Hingabe; andächtiges Singen

Bhakti – Liebe und Hingabe

Bhakti Yoga – ‚Einheit durch Liebe und Hingabe‘; der Pfad der Liebe und Hingabe. Der spirituelle Pfad der Selbstverwirklichung durch Liebe,

Hingabe und vollkommene Unterwerfung an Gott

Bhava – Göttliche Stimmung, Haltung oder Zustand

Brahma, Vishnu und Maheswara (Shiva) – Die drei Aspekte Gottes, verbunden mit der Schöpfung, Erhaltung und Auflösung

Brahman – Die Absolute Wirklichkeit; das Ganze; Höchstes Wesen; ‚Das‘ was alles einschließt und durchdringt, welches Eins und unteilbar ist

Brahmandam – ‚Das große Ei‘; das Universum

Brahmasthanam-Tempel – ‚Der Wohnort Brahmans.‘ Aus Ammas göttlicher Intuition geboren, sind diese einzigartigen Tempel die ersten, die verschiedene Gottheiten auf einem einzigen Stein zeigen. Der Stein hat vier Seiten und zeigt Ganesha, Shiva, Devi und Rahu, so die innere Einheit betonend, die den vielfältigen Aspekten des Göttlichen zugrunde liegen. Es gibt sechzehn solche Tempel in ganz Indien und einen in Mauritius

Brahmasutra - Ein Aphorismus von dem Heiligen Badarayana (Veda Vyasa) welcher die vedische Philosophie erklärt

Brahmin – Im indischen Kastensystem waren die Brahmanen die Priester und Lehrer

Darshan – Eine Begegnung mit oder Vision des Göttlichen oder einer heiligen Person

Deva – ‚Der Strahlende‘; ein Gott oder ein himmlisches Wesen, das auf der Astralebene existiert, in einem feinen, nicht-physischen Körper

Devi – ‚Die Glänzende‘; die Göttin, die Göttliche Mutter

Dharma – Von der Wurzel dhri; zur Unterstützung, Aufrechterhaltung, Festhaltung. Oft einfach übersetzt als ‚Rechtschaffenheit‘. Dharma hat tatsächlich viele tiefgehende, miteinander verbundene Bedeutungen: das was das Universum aufrecht erhält, die Naturgesetze, im Einklang mit der göttlichen Harmonie, Rechtschaffenheit, Religion, Pflicht, Verantwortung, rechtes Verhalten, Gerechtigkeit, Güte und Wahrheit. Dharma bedeutet das innere Prinzip von Religion. Es erklärt die wirkliche Natur und richtigen Funktionen der Handlung eines Wesens oder Objektes. Es ist zum Bespiel das Dharma des Feuers zu brennen. Das Dharma von Menschen ist es in Harmonie mit den spirituellen Prinzipien zu leben und ein höheres Bewusstsein zu entwickeln

Die drei Welten – Himmel, Erde und die Unterwelt; die drei Zustände des Bewusstseins

Durga – Der Name einer Gottheit, der Göttlichen Mutter. Sie wird oft dargestellt, als Werferin einer Anzahl von Waffen und als auf einem Löwen reitend. Sie ist die Zerstörerin von Üblem und die Beschützerin von Gutem. Sie zerstört die Wünsche und negativen Tendenzen (Vasanas) ihrer Kinder und enthüllt ihnen das Höchste Selbst

Ganesha – Der Sohn von Shiva und Parvati. Beseitigt Hindernisse und verleiht Erfolg. Er wird am Anfang jeder Verehrung verehrt und vor Beginn einer jeden neuen Unternehmung. Ganesha hat einen Elefantenkopf und sein Gefährt ist eine Ratte. Das repräsentiert die Tatsache, dass Gott in allen Kreaturen existiert, vom Größten bis zum Kleinsten; es symbolisiert auch die Überwindung aller Wünsche. Die visuellen Details von Ganesha haben tiefe spirituelle Bedeutungen, welche dazu gedacht sind, den spirituellen Aspiranten zu leiten

Gita - Lied. Siehe Bhagavad Gita

Guru – ,Einer der die Dunkelheit der Unwissenheit beseitigt.' Spiritueller Meister/Führer

Gurukula – Ein Ashram mit einem lebenden Guru, wo Schüler mit dem Guru leben und lernen. In alten Tagen waren die Gurukulas

Internate, wo jungen Menschen eine umfassende Erziehung basierend auf den Veden gegeben wurde

Hatha Yoga – Ein System körperlicher und geistiger Übungen, welches in alten Zeiten entwickelt wurde mit dem Zweck, den Körper und seine lebenswichtigen Funktionen zu einem perfekten Instrument zu machen, damit er einem bei der Selbstverwirklichung hilft

Homa – Heiliges Feuerritual

Ishwara – Gott. Der persönliche Aspekt der Absoluten Wirklichkeit; der Eine, der kontrolliert; der ursächliche Punkt der Schöpfung

Japa – Wiederholung eines Mantras, eines Gebetes oder einen von Gottes Namen

Jivanmukta – Der Zustand der Selbstverwirklichung oder Erleuchtung erreicht zu Lebzeiten

Jnana – Wissen. Höchstes Wissen ist eine direkte Erfahrung, jenseits jeder möglichen Wahrnehmung des begrenzten Geistes, Intellekts oder der Sinne. Es wird erlangt durch spirituelle Übung und der Gnade Gottes oder des spirituellen Meisters

Jnana Yoga – ‚Einheit durch den Pfad des Wissens‘; der spirituelle Pfad des höchsten Wissens, welcher Einsicht und Verständnis der wahren

Natur des Selbst und der Welt mit sich bringt. Das verlangt ein tiefes, ernsthaftes Studium der Schriften, Losgelöstheit (Vairagya), Unterscheidungskraft (Viveka), Meditation und die intellektuelle Methode der Selbsterforschung – „Wer/Was bin ‚ich'?" und „Ich bin Brahman" – welches dazu benutzt wird, um durch die Illusion von Maya hindurch zu brechen und Selbstverwirklichung zu erlangen

Kali – ‚Die Dunkle'; eine Form der Göttlichen Mutter. (‚Dunkel' bezieht sich in diesem Zusammenhang auf Ihre Grenzenlosigkeit und die Tatsache, dass sie nicht erkennbar, begreifbar ist für die sehr begrenzte Reichweite des Geistes und Intellekts.) Aus der Sicht des Egos mag Sie erschreckend erscheinen, weil Sie das Ego zerstört. Aber Sie zerstört das Ego und transformiert uns nur aus Ihrem unermesslichen Mitgefühl heraus. Kali hat viele Formen; in Ihrer wohlwollenden Form ist Sie bekannt als Bhadra Kali. Ein Verehrer erkennt das hinter Ihrer finsteren Fassade, die liebende Mutter muss gefunden werden, die Ihre Kinder beschützt und Ihnen die Gnade der Erleuchtung schenkt

Kalidas – (Ungefähr um 400 CE) Indiens größter Sanskrit Dichter und Dramatiker. Autor von Meghduta, Raguvamsa, Sakuntala, usw.

Kama – Lust

Karma – Handlung, Tat

Karma Yoga – ‚Einheit durch Handlung.‘ Der spirituelle Pfad von losgelöstem, selbstlosen Dienst und wie man die Frucht allen Handelns Gott widmet

Krishna – ‚Er, der uns zu sich zieht‘; ‚der Dunkle.‘ (‚Dunkel‘ bezieht sich in diesem Zusammenhang auf seine Grenzenlosigkeit und auf die Tatsache, dass er nicht erkennbar, erfassbar für die sehr begrenzte Reichweite des Geistes und des Intellekts ist.) Er wurde in eine königliche Familie geboren, aber wuchs auf bei Pflegeeltern und lebte als ein junger Kuhhirt in Vrindavan, wo er geliebt und verehrt wurde von seinen hingegebenen Begleitern, den Gopis (Milchmädchen und Kuhhirtenmädchen) und Gopas (Kuhhirtenjungen). Krishna wurde später der Regent von Dwaraka. Er war ein Freund und Berater von seinen Vettern, den Panadavas, insbesondere von Arjuna, dem er seine Lehren enthüllte – siehe Bhagavad Gita

Kriya Yoga – Ein Teil der traditionellen tantrischen Praktiken – hauptsächlich Atemübungen

Kundalini – ‚Die Schlangenkraft'; die spirituelle Energie, welche wie eine zusammengerollte Schlange an der Basis der Wirbelsäule ruht. Durch spirituelle Übung wird sie dazu gebracht, sich durch den Sushumna Kanal, einen feinen Nerv in der Wirbelsäule zu erheben und sich durch die Chakren (Energie Zentren) nach oben zu bewegen. In der Weise, wie sich die Kundalini von einem Chakra zum anderen erhebt, beginnt der spirituelle Aspirant immer feinere Ebenen des Bewusstseins zu erfahren. Die Kundalini erreicht schließlich das höchste Chakra oben auf dem Kopf, das Sahasrara. Dieser Vorgang des Erweckens der Kundalini führt zur Selbstverwirklichung

Laya Yoga – ‚Einheit durch Auflösung oder Absorption'; basierend auf der Entwicklung der Chakren und auf der Erweckung der Kundalini Energie. Ein Yoga durch welches sich die niedrige Natur des Aspiranten auflöst und man erwacht zu Seligkeit und Transzendentalem Bewusstsein

Linga ‚Symbol', ‚definierendes Zeichen.' Ein Shiva Lingam ist generell ein verlängerter ovaler

Stein; das Prinzip von Kreativität; oft verehrt als ein Symbol von Shiva

Mahabharata – Eines der zwei großen historischen indischen Epen, das andere ist das Ramayana. Es ist eine große Abhandlung über Dharma und Spiritualität. Die Geschichte handelt hauptsächlich von dem Konflikt zwischen den Pandavas und den Kauravas und dem großen Krieg von Kurukshetra. Es enthält 100000 Verse und ist damit das längste epische Gedicht der Welt. Es wurde ungefähr 3200 vor Christus von dem Heiligen Vyasa geschrieben

Mahatma – Große Seele. Wenn Amma das Wort ,Mahatma' benutzt, bezieht Sie sich auf eine selbstverwirklichte Seele

Mantra – Eine heilige Formel oder ein Gebet, das ständig wiederholt wird. Es erweckt die schlafende spirituelle Kraft in einem und hilft einem, das höchste Ziel zu erreichen. Es ist am effektivsten, wenn man es von einem spirituellen Meister während einer Einführung erhält. Ein Mantra ist vollständig verbunden mit der Wirklichkeit, die es repräsentiert, weil es diese Wirklichkeit in ,Samenform' ist. Das Mantra, der ,Same', im Aspirant wird genährt, indem es dauernd (mit Konzentration) wiederholt wird, bis es schließlich keimt in der Erfahrung der Höchsten Wirklichkeit

Matham – Religion

Maya – Illusion; die göttliche Macht oder der Schleier mit welchem sich Gott im göttlichen Spiel der Schöpfung verhüllt und den Eindruck gibt von der Vielheit, dadurch die Illusion der Trennung schaffend. Wenn Maya die Wirklichkeit verhüllt, führt sie uns in die Irre, indem sie uns glauben macht, dass Perfektion außerhalb von uns zu finden ist

Moksha – Letzte spirituelle Befreiung

Mudra – Physische Geste oder Haltung, normalerweise mit den Händen ausgedrückt, eine tiefe spirituelle Bedeutung enthaltend

Muruga – ‚Der Schöne‘. Auch bekannt als Subramanya. Muruga ist ein Gott von Shiva erschaffen, um Seelen in ihrer Evolution zu assistieren, speziell durch die Praxis von Yoga. Er ist der Bruder von Ganesha

Nadi Shastra – Nadi = ‚Kanal‘. Ein bestimmter Zweig der Vorhersage-Astrology, z.B. Agastya Nadi

Nadopasana – Hingabe und Verehrung durch Musik

Narasimha – Der Menschen-Löwe; eine Teilinkarnation von Vishnu

Narayana – Nara = Wissen, Wasser. ,Er, der im Höchsten Wissen gegründet ist'; Er, der in den ursprünglichen Gewässern wohnt, ein Name von Vishnu'

Natya Shastra – Die Wissenschaft des Tanzes, der Musik und des Theaters

Parvati – ,Tochter des Berges'; Shivas göttliche Gemahlin; ein Name der Göttin, der Göttlichen Mutter

Payasam – Ein süßes Reisgericht

Prakriti – Ursprungsnatur; das mütterliche Prinzip der Welt, welches in Verbindung mit Purusha das Universum erschafft; das Grundmaterial, aus dem das Universum zusammengesetzt ist

Prasad – Geweihte Darbringung oder Geschenk von einer heiligen Person oder Tempel, oft in der Form von Nahrung

Puja – ,Anbetung'; heiliges Ritual; zeremonielle Verehrung

Purana – Die Puranas sind epische Geschichten, die das Leben von Göttern beschreiben, in welchen die vier Sachbereiche Menschheit (Purusharthas) – Rechtschaffenes Leben (Dharma),

Reichtum (Artha), Wunsch (Kama) und Befreiung (Moksha) – vorgetragen werden

Purusha – Das Bewusstsein, das im Körper wohnt; das reine, untadelhafte, Universelle Bewusstsein/Existenz

Raja Yoga – Der Pfad der Meditation

Rama – ‚Schenker von Freude'; Name des göttlichen Heldes im Epos Ramayana. Er war eine Inkarnation von Lord Vishnu und wird als das Ideal von Dharma und Tugend angesehen

Ramayana – ‚Das Leben Ramas.' Eines von Indiens zwei größten historischen Epen (das andere ist das Mahabharata), es erzählt das Leben von Rama und wurde von Valmiki geschrieben. Rama war eine Inkarnation von Vishnu. Ein Hauptteil des Epos beschreibt, wie Sita, Ramas Frau von Ravana dem Dämonenkönig entführt und nach Sri Lanka mitgenommen wurde, und wie sie von Rama und seinen Verehrern gerettet wurde, einschließlich seines großen Verehrers Hanuman

Rishi – Rsi = wissen; Selbst-Verwirklichter Seher. Bezieht sich gewöhnlich auf die sieben Rishis des alten Indiens, d.h. selbstverwirklichte Seelen, die die Höchste Wahrheit ‚sehen' konnten.

Samskara – Samskara hat zwei Bedeutungen: Die Vollkommenheit der Eindrücke, eingeprägt im Geist durch Erfahrungen (aus diesem oder früheren Leben), welche das Leben eines Menschen beeinflussen – seine oder ihre Natur, die Handlungen, den Zustand des Geistes, usw. Das Erwecken des richtigen Verständnisses (Wissen) in jeder Person, was zur Verfeinerung seines oder ihres Charakters führt

Sanatana Dharma – Die Ewige Religion; das Ewige Prinzip. Der traditionelle Name für Hinduismus

Saraswati – Die Göttin des Lernens

Satya – Wahrheit

Satya Yuga – Das Zeitalter der Wahrheit (Satya); es wird auch Krita Yuga genannt. Es gibt einen Zyklus von vier Zeitaltern oder Zeitperioden in der Schöpfung (siehe ‚Yuga' im Anhang). Das Satya Yuga ist das Zeitalter, wo Güte und Wahrheit überall vorherrschen und jede Manifestation oder Aktivität dem reinsten Ideal nahe kommt. Man bezieht sich manchmal darauf als das Goldene Zeitalter

Shakti – Macht; ein Name der Universellen Mutter, der dynamische Aspekt Brahmans

Shankaracharya – (788 – 820 CE) Ein großer Philosoph, der die Hindureligion wiederbelebte und wieder erblühen ließ. Gründer der Advaita Schule, welche erklärt, nur Brahman ist echt, alles andere ist falsch

Shastra – Wissenschaft oder spezialisiertes Wissen

Shiva – ‚Der Günstige'; ‚der Gnädige'; ‚der Gute.' Eine Form des Höchsten Wesens. Das männliche Prinzip; Bewusstsein. Auch ein Aspekt der Dreiheit, die man in Verbindung bringt mit der Auflösung des Universums, der Zerstörung dessen, was letztendlich nicht wirklich ist

Shiva Lingam – Ein Lingam symbolisiert Shiva (siehe ‚Lingam')

Svara Yoga – Der Pfad, in welchem man Atemübungen benutzt um Selbstverwirklichung zu erlangen

Tantra – Ein traditionelles System spiritueller Übungen, welches den Ausübenden inmitten aller weltlichen Aktivitäten dazu befähigt zu erkennen, dass die Freude, die in Objekten erfahren wird, tatsächlich von innen aufsteigt

Tapas - ‚Hitze'; Selbstdisziplin, Kasteiungen, Bußen und Selbstaufopferung; spirituelle Praktiken, um die Unreinheiten des Geistes zu verbrennen

Upadhi – Begrenzender Anhang, z.B. Name, Form, Eigenschaften; Instrument; Werkzeug

Upanishad – ‚Zu Füßen des Meisters sitzen'; ‚das, was Unwissenheit zerstört.' Die Upanishaden sind der vierte und abschließende Teil der Veden. Sie legen die Philosophie bekannt als Vedanta dar

Vairagi – ‚Der Losgelöste' (bezieht sich auf Shiva)

Vairagya – Losgelöstheit, Leidenschaftslosigkeit

Valmiki – Ein Räuber, der ein großer Heiliger wurde, nachdem er erkannte, wie falsch seine Werte und Annahmen waren, und nachdem er rigorose spirituelle Praktiken unter der Anleitung von Rishis durchführte. Er ist ein großartiges Beispiel dafür, wie man für die Vergangenheit vollkommen sterben kann, egal wie negativ die eigenen Handlungen auch gewesen sein mögen

Vastu – ‚Natur', ‚Umgebung'; die alte vedische Wissenschaft der Architektur, welche komplexe Prinzipien und Praktiken enthält für den Bau von Gebäuden im harmonischen Gleichgewicht mit der Natur und dem Universum

Vedanta – ‚das Ende der Veden'; die Philosophie der Upanishaden, der abschließende Teil der Veden, welche die Absolute Wahrheit enthalten, dass man ‚Eins ist, ohne ein Zweites'

Vedas – ‚Wissen, Weisheit.‘ Die alten heiligen Schriften des Hinduismus. Eine Sammlung heiliger Texte in Sanskrit, welche in vier Teile eingeteilt sind: Rig, Yajur, Sama und Atharva. Die Veden, die unter den ältesten Schriften der Welt sind, bestehen aus 100000 Versen und zusätzlicher Prosa. Sie wurden von den Rishis in die Welt gebracht, welche selbstverwirklichte Seher waren. Die Veden betrachtet man als die direkte Enthüllung der Höchsten Wahrheit

Vishnu – ‚Der Allesdurchdringende‘; ein Name Gottes. Er wird normalerweise verehrt in der Form von zwei seiner Inkarnationen, Krishna und Rama

Viveka - ‚Unterscheidungskraft‘; die Fähigkeit zwischen dem Unwirklichen und dem Wirklichen zu unterscheiden, zwischen dem ewigen und vergänglichen, Dharma und Adharma (Unrechtschaffenheit), usw.

Yaga Yajnas – Hochentwickelte vedische Opferriten

Yajna – Opfer

Yoga – ‚Vereinigen‘; Einheit mit dem Höchsten Wesen; ein breiter Begriff, der sich auf verschiedene praktische Methoden bezieht, durch welche man Einheit mit dem Göttlichen erlangen kann; ein Pfad der zur Selbstverwirklichung führt

Yuga – ‚Zeitalter'. Es gibt vier Yugas: das Satya oder Krita Yuga (das Goldene Zeitalter), das Treta Yuga, das Dwapara Yuga und das Kali Yuga (das dunkle Zeitalter). Gegenwärtig leben wir im Kali Yuga. Man sagt, dass die Yugas fast endlos aufeinander folgen

www.ingramcontent.com/pod-product-compliance
Lightning Source LLC
Chambersburg PA
CBHW061827040426
42447CB00012B/2861